哈贝马斯视域中的公共性研究

黄皖毅◎著

红旗出版社

图书在版编目（CIP）数据

哈贝马斯视域中的公共性研究 / 黄皖毅著 . —北京：
　红旗出版社，2017. 10
ISBN 978 - 7 - 5051 - 4306 - 7

Ⅰ. ①哈… Ⅱ. ①黄… Ⅲ. ①哈贝马斯（Habermas，
　Jurgen 1929- ）—哲学思想—研究 Ⅳ. ① B516.59

中国版本图书馆 CIP 数据核字（2017）第 245460 号

书　　名	哈贝马斯视域中的公共性研究			
著　　者	黄皖毅			
责任编辑	刘险涛　周艳玲			
装帧设计	人文在线			
出版发行	红旗出版社			
地　　址	北京市沙滩北街 2 号			
邮政编码	100727			
经　　销	全国新华书店			
发 行 部	010 - 57270296			
印　　刷	廊坊市海涛印刷有限公司			
开　　本	170mm×240mm	印　　张	12.5	
字　　数	200 千字			
版　　次	2018 年 1 月北京第 1 版	印　　次	2018 年 1 月河北第 1 次印刷	
书　　号	ISBN 978 - 7 - 5051 - 4306 - 7	定　　价	45. 00 元	

目　录

导　论

一、研究的缘起

（一）公共生活与公共哲学

没有什么能够阻挡我们怀着一颗好奇之心对世界的不断追问。孔子在河岸上感叹："逝者如斯夫，不舍昼夜！"赫拉克利特也给世人留下箴言：濯足急流，抽足再入，已非前水；马可·奥勒留在《沉思录》中说，存在物就像是奔腾不息的河流，事物处于不断变化之中。中外哲人不约而同地道出了"变化"给我们带来的生命感受，当然，也包括对我们的思考所带来的冲击。哲学就是对我们的生活的反思，对世界的变迁的反思。万事万物在悄然发生着变化，如今当审视这个幻化万端的世界，便会发现我们不知不觉地身处于一个多彩多姿的公共生活之中。

人从自身历史的起点开始就是复数的样态，是一种群居者，因而是类的存在物，这就意味着人类最初的生活就带有公共生活的色彩，即使是出于对洪水猛兽、洪荒之地的恐惧而被动地卷入公共生活，也不能否认这一点。公共生活并非是抽象的，它正如马克思所说的，是活生生的、非常现实的，是人的一个基本的生活事实。人类在大自然面前是如此渺小，出于生存的需要，人与人之间要依偎在一起，形成一种相互联系、相互影响和相互作用的共同生活。整个原始氏族或部落能存活下去，就是这一群体最大的公共利益，以这个公共利益为中心点所进行的活动，都属于公共生活，在这个意义上，公共生活无疑强化了人的本质的社会属性。随着人类社会历史的演进，公共生活日益呈现出复杂性，围绕着公共事务和公共利益，人们通过聚会、社团、组织、大众媒介等方式，进行着具有丰富多样性的交往活动，这都是公共生活在历史长河中的新延伸。由于人又是个体的存在者，每个个体进入公共生活的方式、程度和限度等又千差万别，不同国家、不同民族、不同传统、不同时代的人们也拥有不同样态的公共生活。因而，尽管公共生活像是一条多姿多彩的河流，其中也不免有泥沙、漩涡或者暗礁，也就是说，公共生活会遇到各种各样的问题，给公共生活造成了破坏，制造了发展的阻力，这些问题需要人们去发现、思考和解决。

既然如此，从学理层面上去把握公共生活，去厘清公共生活与私人生活的关系就很有必要，具有重要的研究意义，因此很多具体学科中都有关于公共性、公共生活的探讨。哲学作为一门古老的学科，在其萌芽阶段，又被称为"形而上学"，意为研究有形物体、物理世界背后的意义世界，是具体器物层面之上的更深入、更抽象的求索，所以哲学有可能被误认为是远离现实生活的、高高在上的纯粹思辨。诚然，在闲暇的时间里，沉静的、纯粹的思辨能给人带来不可言喻的愉悦和奇特的快乐。但是，这只是哲学的一种面相。向生活世界、现实世界敞开的哲学，应该作为它的另一种面相，和时代、生活相互应和的哲学也能带来愉悦和快乐。

马克思曾说："哲学家并不像蘑菇那样是从地里冒出来的，他们是自己的时代、自己的人民的产物，人民的最美好、最珍贵、最隐蔽的精髓都汇集在哲学思想里……任何真正的哲学都是自己时代的精神上的精华，因此，必然会出现这样的时代：那时哲学不仅在内部通过自己的内容，而且在外部通过自己的表现，同自己时代的现实世界接触并相互作用……哲学正在世界化，而世界正在哲学化……"①"问题是时代的格言，是表现时代自己内心状态的最实际的呼声。"②也就是说，每一种哲学思考，每一个哲学问题的提出，除了纯

---

① 马克思、恩格斯：《马克思恩格斯全集》（第 1 卷），人民出版社 1995 年版，第 220 页。
② 马克思、恩格斯：《马克思恩格斯全集》（第 1 卷），人民出版社 1995 年版，第 203 页。

粹思辨的、高度抽象的部分，其他都和自身所处的时代气息相通的，都是生活世界的大树结出的珍贵果实。公共哲学应运而生，即是对时代精神的反映和对现实生活问题的回应。对公共生活合理性和公共生活智慧的追求，映照着生活世界发展与演进的轨迹。将公共性作为哲学的研究主题凸现出来，是从一个角度对世界政治、经济、社会发展等诸方面进程的一种参悟。

20 世纪以来，人类生活发生了剧烈的变化。当代公共哲学首先发端于西方最发达的国家之一——美国，不得不归因于美国公共生活的状态和变化，也可以说这种重兴的哲学是植根于美国公共生活的沃土之中的。

20 世纪 50 年代，美国人口出现了前所未有的增长，社会公众对具有公共管理职能的政府提出了更高的要求，比如对公共支出尤其是联邦政府公共支出的需求增加，对政府的公共投入、公共政策、公共服务等异常关注，联邦政府也由此感受到了巨大的压力和挑战；同时，在这个历史时期，美国对世界各国移民的接纳也较以往时期更为宽松，作为一个多族裔、多国别、价值观多元的新移民国家，文化碰撞、种族冲突往往是不可避免的，有时甚至发展成常态，尤其是黑人、白人之间冲突不断；如果在一个社会中，公共生活被各种矛盾冲突条块分割，整合、指导公共生活的公共精神就变得弥足珍贵。

而美国人又有其自身的一些特性，他们表面上看是非常崇尚个体的、是非常私人的，但是却并不缺少对公共生活的关注和对公共精神的追求。美国宪法学者阿克曼曾经提出过一个有意思的概念——"私人公民"（private citizen），来界定参与着私人生活和公共生活的人。在他的解释维度里，有两种现象都属于极端：一个是利己主义者，也就是他所说的私民，基本上是不积极参与公共生活的，另一个是公共公民，始终主动而积极地参与公共生活。无论是哪一种，都过犹不及，因此，这两类人在社会生活中属于少数。阿克曼认为大多数美国人属于私人公民，是既过私人生活，也过公共生活的，兼具私民和公共公民两种角色的。他们的状态常常是，平时都是非常专注于私人生活的，但某一事件激发，他们又非常积极投入到公共生活之中。尤其是当社会中出现波及面广的某种事件，对人们的私人生活造成极大的破坏，则更能激发人们对社会公共生活的关注和反思。

而在 20 世纪 50 年代的美国确实出现了这样的现象级事件，即基于冷战思维的麦卡锡主义。麦卡锡主义肇因于美国参议员麦卡锡，主要是出于反共的目的，而后蔓延成恶意诽谤、肆意迫害民主进步人士和持不同政见者、甚至排外的一场政治运动。它是在美苏争霸时代、利用民众对共产主义或社会主义的"红色恐惧"，利用列黑名单、监控、迫害等非常规手段，掀起了一场"反共""反民主"的政治狂潮，时间是1950年至1954年间，有学者也称之为"美国文革"。麦卡锡主义作为一个专有名词，作为美国的极端右倾主义，成了政治迫害的同义语，虽然整个过程只维持了四年，但是它的影响从共时性维度讲，可以说涉及美国政治、经济、文化、外交等社会生活的各个领域、各个层面，从历时性维度讲，可以说影响到当代美国人的社会生活，在当代美国人的潜意识深处还有所遗留，使得在美国民众中"共产党""共产主义"等依然还是一些敏感词汇。在2016年的美国总统大选中，被贴上"社会主义者"标签的候选人桑德斯曾感慨地说，许多美国民众一听到"社会主义"这个词，就非常紧张，从冷战以来，这个词变成了贬义词，成为攻击对手的一种工具。

毋庸置疑，麦卡锡主义给美国公共生活造成的巨大分裂是非常明显的，20世纪50年代的社会现实，使得人们必须面对公共生活的质量、公共生活伦理规则、公共领域与私人领域及其相互关系问题等，这就促使一些有识之士开始思考公共哲学问题，其中包括一位美国知名人士沃尔特·李普曼。

沃尔特·李普曼（WalterLippmann）是美国新闻评论家和作家。他出身于美国纽约的一个犹太人家庭，是德国犹太人的后裔。大学时入读哈佛大学，曾受到马克思主义的影响而成为一名社会主义者，参与成立了哈佛大学社会主义学社，而后退出。1914年，他帮助友人创立了一份持自由派观点的杂志——《新共和政体》。1917年，李普曼被任命为当时的战争部长助理。1918年中期他以美国陆军情报部上尉的身份赴法国。1921年加入纽约《世界报》。从李普曼的人生履历来说，他的职业生涯主要和新闻媒体有关，在多家媒体供职，两度获得美国新闻最高奖，一次是1958年凭借出版了关于外交、政治和经济的著作获普利策新闻奖，另一次是1962年凭借出色的国际报道再次获奖。俗话说，三十而立，李普曼在三十岁之前就已经成名，以至于当时美国总统西奥多·罗斯福见到他时，调侃他是"全美三十岁以下最著名的男士"。

　　李普曼一生中做了 4000 多期专栏，出版了约 20 本书，主要有《政治序论》（1913 年）、《舆论学》（1922 年）、《道德序言》（1929 年）、《良好的社会》（1937 年）、《冷战》（1947 年）、《公共哲学论文集》（1955 年）、《共产主义世界与我们的世界》（1959 年）、《李普曼精选集》（1963 年）和《早期著作》（1970 年）等。其中关于公共哲学著作的发表，使得他又挂上了一个头衔：哲学家。其实结合李普曼大学阶段的求学经历，这也不算是非常突兀，因为他本身有一定哲学研究的天赋。根据《李普曼传》所记载，李普曼在大学二年级时写的一篇文章，得到了哈佛大学哲学系著名教授、美国实用主义的代表人物威廉·詹姆斯的高度肯定和赞赏。这位须发皆白、名重一时的老教授为了表示自己激赏，主动到李普曼所住的学生公寓里去看他。李普曼也受到过哲学方面的熏陶培养，他在哈佛攻读研究生时，曾任桑塔亚纳教授的助手，协助讲授哲学史。桑塔耶亚教授来自西班牙，是著名的自然主义哲学家、美学家，他早年到哈佛大学求学，而后留校任教，是美国美学的开创者。李普曼本身擅长文字表达和独立思考，又获得哲学教授们的指点，他能在哲学的领地里有所开拓就是可以理解的了。

　　当然李普曼的哲学思考还是和他最擅长的新闻传播密切相关，在探讨公共哲学之前，他早在 1922 年写就了一本后来被当作新闻传播领域教科书的作品——《公众舆论》（又称《舆论学》），这也是传播学领域的奠基之作、经典之作。他基于自己在第一次世界大战中的经历，对公众舆论进行了研究，指出现代社会庞大的规模和复杂的结构，使得人们难以获得整体性认知，因此主要凭借印象、成见或常识来形成意见，更不用说大众受到由媒体造成的拟态环境的操纵，使得他们就像柏拉图所批判的洞穴中的囚徒一样，把洞穴当成了真实的世界，或形成对世界的刻板印象。根据他的分析，"公众舆论"是脆弱、摇摆和不可信任的。在这方面，作为民主的重要参与者的公众只不过是有名无实的。

　　有了这样的研究基础，在麦卡锡主义的冲击刚刚结束之时，1955 年，李普曼写作并出版了一部著作《公共哲学》（*The Public Philosophy*，论文集），拉开了当代公共哲学研究的序幕。书中认为公共哲学自古就存在了，古代公共哲学的作用是维系城邦国家的存在和发展，近代诸多伟大的启蒙者和思想家也在自己的论著中提出过非常精辟的公共哲学思想，而在现代尤其是现代美国，公共哲学的根基——公共生活却出于各种各样的原因被腐蚀了，公众不再具有公共精神，所以他呼吁，西方社会有必要复兴公共哲学，以之来引领社会生活。正由于在现代西方世界第一个提出了"复兴公共哲学"的观点，李普曼也被冠以哲学家的头衔，被誉为当代公共哲学"旗手"。虽然他的观点 20 世纪 50 年代在美国未能引领学术风潮，但是当时间进入 20 世纪 80 年代，桑德尔、诺齐克、罗尔斯等人接过了他手中的旗帜，对公共哲学中的一些重要问题，如公共理性、公共伦理等进行了研究，同时也影响到了欧洲学界。

日本学界是研究公共哲学的另一支力量，而且颇具特色。20 世纪 90 年代初，公共哲学的研究热在日本兴起，呈现出一种堪称前沿性哲学探索的学术运动。最初在欧美公共哲学研究的影响下，日本有学者翻译了李普曼的《公共哲学》（论文集），引起了多方的兴趣。随后东京大学、早稻田大学、中央大学等高等学府，先后设立了与公共问题研究相关的学科，涌现了一些代表人物。但日本的公共哲学研究成为颇具规模的学术运动则得益于 1997 年成立的研究平台——"公共哲学共同研究会"。该研究会由"将来世代综合研究所"金泰昌所长和东京大学法学部部长佐佐木毅两位学者共同倡导发起，得到了将来世代国际财团矢崎胜彦理事长提供的资金支持，才得以在在京都成立。1998 年 4 月该研究会召开了面向全国的第一次研讨会，拉开了在日本的这场学术运动的序幕。从此以后，日本国内各个领域、各个学科的学者都积极参加研讨会，进行对话交流，有政治学家、经济学家、法学家、社会学家、伦理学家、宗教学家、西方哲学专家、日本思想专家等，他们在日本乃至世界的学术界都是有影响的，同时也积极邀请欧美、中国、韩国等世界各国的学者参会。10 多年来，他们围绕着公、私、公共性等公共哲学探索中最基本的几个核心概念展开了广泛的对话、讨论，这种学术景观在日本学术界是前所未有的，其会议论文被整理、编辑成书，由东京大学出版会以《公共哲学》为丛书名出版，第一个系列预计为 20 卷，2006 年已经出版完毕，在日本学术界引起了极大反响。期间，日本公共哲学的代表人物也不断推出新作，赢得了肯定，比如山胁直司教授就是其中的典型，他出版或发表了《全球化的公共哲学：通向"活私开公"之路》（2008 年）、《不稳定的全球化时期的全球公共哲学理念》(《国际公共事务杂志》, 2006 年)、《何为公共哲学》(2004 年)等，在公共哲学领域里不断开拓。日本学界不仅借助于学术平台对公共哲学进行了探索，而且还将公共哲学发展成为一种实践运动，他们对公务员系统提出了要求，即在公职人员中进行公共哲学为内容的培训，或者将公共哲学作为入职考核的组成部分，可见，公共哲学在实践领域也大有作为。

我国的公共性问题研究在 20 世纪 90 年代就已经萌芽。这主要是得益于国际间的学术交流，比如中国学者和日本学者的互动和交流，使得中国学术界也逐渐熟悉了公共哲学这个学术新概念。当然公共哲学在中国引起关注主要还是现实的激发。中国社会之公共性问题的产生，有其深刻而特殊的背景，它和中国经济社会的飞速发展、公众公共意识的觉醒、政府的经济、政治、文化等各层面的改革和转型有着密切的关联。社会主义市场经济体制进入深化阶段，社会全面转型，经济改革带来的社会结构变化使中国的公共生活具有了双重性：一方面，社会的一个重要特征是其生活的社会公共化程度日趋增高。公众仿佛突然感受到自身的私人性与公共性的并存，人们一边道着家长里短，一边纵论国家大事、世界形势，他们借助各种各样的渠道尤其是新兴的媒体表达自身对公共事件的关注，一种自下而上的公共领域正逐渐形成。当公众的目光越来越多地聚集于社会公共生活而非私人领地时，就意味着他们以公民的身份对社会提出了秩序、安宁、和谐等方面的越来越高层次的公共生活的追求。另一方面，社会的另一个重要特征是公共性危机凸显。公共性一旦丧失，是需要很长的时间才能培育出来的。在过去 30 多年的改革开放过程中，中国经济社会取得了持续、快速、稳定的发展，经济总量已跃居世界第二位，这既是"黄金发展期"，又是"矛盾凸显期"，两者互相重叠交织、复杂多变，呈现出光怪陆离的图景。公共权力的滥用、网络公共领域的无序、公共道德的严重退步、弱势群体的公共性诉求被忽视等等，这些就是公共性的危机或者说公共性的丧失，很多事情的发生都远远出乎人们的意料，也大大超出了传统理论资源的解释框架，新的解释范式亟待出现。

在这种背景下，学者们对"公共性"问题开展研究，公共管理学科较多地使用公共权力、公共决策、公共物品等概念，建筑学科则提出公共空间、公共审美、公共建筑、公共场所、公共艺术等概念，伦理学科对公共规则、公共伦理等情有独钟，各个学科不胜枚举的概念术语，从不同角度、不同程度地关注了"公共性"问题，交织成了一个相互关联的研究空间，充分体现了对我国公共生活合理性的追求，也取得了一定得研究成果。聚焦于公共哲学方面，从 1995 年开始，由王焱主编的《公共论丛》陆续出版。但是较有影响力的研究是在 20 世纪 90 年代末才出现的。2003 年，江涛出版了《公共哲学》一书，这是中共中央党校出版社的"新兴哲学丛书"中的一本。2009 年，中国人民大学林美茂教授等人组织翻译的前文提到的日本 10 卷本"公共哲学"也得以问世。其他成果主要体现在论文上，如万俊人、何怀宏、任平等人都曾应邀在期刊杂志上进行"公共哲学"方面的笔谈。应该说，我国学界的研究还很初步，主要的工作是介绍、解读西方公共哲学、日本公共哲学的观点，尤其是当代赫赫有名的哈贝马斯、罗尔斯、桑德尔等人的观点，对公共哲学核心概念的界定、理论空间的构建、方法论原则等的确立等也展开了讨论，但实事求是地说，还没有真正形成一个自己的分支学科——公共哲学，更不用说形成与日本类似的学术活动和现实运动。

（二）哈贝马斯及其思想魅力

我国目前还没有建立真正意义上的公共哲学，学者们的公共性研究受到欧美和日本的公共哲学的很大影响。以"公共领域"为学术标签之一，于尔根·哈贝马斯（Jurgen Habermas）当之无愧是欧美公共哲学的重要代表人物之一。公共领域问题研究的滥觞直接源于哈贝马斯，"公共领域"（德语 Offentlichkeit，英语 public sphere）一词是其名著《公共领域的结构转型》的核心概念，也是欧洲主流学术话语的重要组成部分。

美国学者、哈贝马斯的研究专家麦卡锡认为，在我们的时代，就思想的深度和广度来说，没有人能和哈贝马斯比肩。当人们提到哈贝马斯，往往称他是当代德国最负盛名的、最有影响力的社会学家、哲学家和思想家。哈贝马斯 1929 年 6 月 18 日生于德国，其故乡是美丽的杜塞尔多夫，然而他的童年生活实际上被纳粹的阴影所笼罩。他好学深思，曾在哥廷根大学、苏黎世大学、波恩大学等世界知名高等学府求学，并于 1954 年在波恩大学获哲学博士学位。由于法兰克福学派核心人物特奥多尔·阿多尔诺（Theodor Adorno，1903—1969）的赏识，哈贝马斯于1955年到了法兰克福大学，一开始他的思想是比较激进的，但他在学术上不断淬炼，逐渐成长为法兰克福学派的第二代领军人物。1961年，他写了日后蜚声世界的《公共领域的结构转型》，这篇论文是他用来申请教授职称的代表作品，得到了马堡大学的一名教授的认可，顺利通过评审，1962年该书得以出版面世。1962—1964年，哈贝马斯受聘海德堡大学，担任哲学副教授，1964—1971年回到法兰克福大学，担任哲学与社会学教授，1971—1981年到马克斯—普朗克研究所就任所长，1983年重返法兰克福大学，1999年4月中国社会科学院邀请他到中国讲学，哈贝马斯欣然应允，在多所高校进行了演讲，广受欢迎，载誉而归。如今哈贝马斯虽然年事已高，但仍活跃在一些前沿的学术活动之中。

哈贝马斯是当代罕有的百科全书式的大学者，在西方学术界占有举足轻重的地位。他的学术观点深受康德、黑格尔、马克思、韦伯等大师的深刻影响，甚至被称为"当代的黑格尔"，他承袭了德国深厚的哲学及社会学传统，在众多的学术领域都作出了十分重要的贡献，以至于很难对他的学术旨趣进行一个概括。总体而言，他是"哲学和社会学的介入型思想家"，代表了一种现代的和富有生命力的哲学风格，这种哲学风格最显著的特点是：兼收并蓄、博采广收、为己所用、多学科交融、构建宏大哲学体系。这主要表现在他活跃的学术活动和丰硕的学术成果上。

哈贝马斯的标志性理论为交往行动理论，与他的哲学旨趣相应，他在哲学实践中大多采取了独特的对话的方式，与西方当代哲学的潮流保持同步；他与经典思想家胡塞尔、马克思、韦伯、卢卡奇等人进行"视界融合"式的对话，广泛地涉及当代社会的各个方面；他与当代语言哲学家奥斯汀、塞尔勒交流式的对话，使其思想与西方当代哲学的潮流保持同步或与之融合为一；他与伽达默尔关于解释学方面的论战，与帕森斯的亲炙弟子卢曼关于结构功能论的争论，与利奥塔德等人卷入牵涉层面极广的关于现代性和后现代性问题的交锋……这些"视界融合"对话、交流式的对话、论战式的对话的结果是产生了其六十年代著述系列：《理论与实践》（1963）、《认识与兴趣》（1968）等；七十年代著述系列：《劳动、认识、进步》（1970）、《社会理论还是社会工艺学?》(1971)、《社会科学的逻辑》(1970)、《文化与批判》(1973)、《晚期资本主义的合法性问题》(1973)、《重建历史唯物主义》(1976)、《交往与社会进化》(1976)等;以及八十年代著述系列:《交往行动理论》(二卷集,1981,1984)、《道德意识与交往行为》(1983)、《现代性的哲学讨论》(1985)、《后形而上学思维》(1988)等,是一位极其多产、著作等身的思想家。哈贝马斯学术研究的独特风格,其对建构宏大体系的执着,其理论的深广,其政治学、哲学、社会学研究,对马克思主义哲学、语言哲学、科学哲学、解释学、现象学等视域的广泛介入,构成多重视域相互辉映、相互交叉的态势。

哈贝马斯的学术生涯大致可划分为三个阶段:第一阶段,60年代初到60年代末,认识论建设阶段。此阶段哈贝马斯的研究中心是在认识论、社会学和社会哲学方面。第二阶段,60年代末到80年代初,普遍语用学阶段。此阶段哈贝马斯的思想发生了重要转折,即"语言学转向",其理论旨趣转向对语用学的研究,其中也就包括从语言符号的角度对交往行为的研究。第三阶段,80年代以后,交往行为理论阶段。此阶段哈贝马斯进一步发展扩大他的社会哲学理论体系,社会稳定问题为这一阶段的重要论题之一。总之,哈贝马斯的学术视域十分宽广,包含了当代资本主义社会诊断、社会批判理论、意识形态批判、历史唯物主义的重建等各个方面。[①]

哈贝马斯虽然思想体系庞大繁杂,但是其中却有一个主题他终生都在关注。据他自己的说法:"在1999年我七十岁生日的时候,我的学生们编辑出版了一本纪念文集,题为《理性的公共领域与公共领域的理性》。这个标题选得很不错,因为公共领域作为相互之间理性交往的空间,是我一生都在关注的主题。"[②]明确地宣称自己对公共领域的重视,应该说没有人比哈贝马斯更了

---

① 参见〔德〕哈贝马斯:《重建历史唯物主义》,郭官义译,社会科学文献出版社2000年第1版,译序。

② 〔德〕哈贝马斯:《公共空间与政治公共领域——我的两个思想主题的生活历史根源》,载《哲学动态》2009年第6期,第6页。该文是哈贝马斯教授于2004年11月11日荣膺日本"京都奖"的答谢词,原载《在自然主义与宗教之间》(*Zwischen Naturalismus und Religion*, Frankfurt am Main, 2005,第15—26页)。

解自己的学术兴趣所在，他一语道破了贯穿毕生的追求。

因此，哈贝马斯的公共性思想应该为我们关注和反思，我们的公共哲学构建可以从他这里找到诸多可资借鉴的思想资源。

二、国内外研究现状

总体来看，西方国家学者和我国学者都对哈贝马斯的思想进行了较多的学术探讨，这些探讨尤其是国内学者的努力为本书的研究提供了坚实的基础。因此，国内外研究现状的梳理是十分必要的。

（一）国外研究现状

作为哲学、政治学和社会学者，哈贝马斯的思想是多维度的，其中，批判理论、行为理论、系统理论、生活世界理论、普通语用学、现代性等都可以找到一席之地，迄今为止，国内外对他的思想的研究可以说汗牛充栋。但是，仅就"哈贝马斯的公共性思想研究"这个选题而言，研究成果还是有限的，并且主要集中在对哈氏"公共领域"理论的研究上。20世纪80年代末，亦即在德文版面世约30年之后，英语世界开始注意到哈贝马斯的公共领域理论，美国麻省理工学院出版社1989年率先出版了《公共领域的结构转型》的英译本。1989年9月，英国举行了"哈贝马斯与公共领域"主题研讨会，引发了英美等国的研究热潮，"公共领域"（德语 Offentlichkeit，英语 public sphere）一词不经意间成了英语世界的一个主流政治话语，甚至可以说成了一个非常重要的分析工具或范式。1991年英语世界出版了论文集《哈贝马斯与公共空间》[①]，充分体现了英语世界的学者对哈贝马斯"公共领域"这个概念的强烈兴趣。

此后，英语世界涌现了一批哈贝马斯研究著作，如美国学者奥斯维特的

---

① 即 *Habermas and the public sphere*，MIT. Press，1991.

《哈贝马斯》、英国学者安德鲁·埃德加的《哈贝马斯：关键概念》、美国学者麦卡锡的《哈贝马斯的批判理论》和法国学者洛克莫尔的《历史唯物主义：哈贝马斯的重建》等。这些著作中有的是带有传记色彩的思想评述性著作，有的注重将哈贝马斯的思想放到整个西方思想史的大背景中去研究，有的从哈贝马斯常用的关键概念入手，分析他的思想的阶段性和前后连续性，以勾勒他整个的思想框架。总体而言，英语世界大多数成果主要集中于进一步澄清"公共领域"这一概念、对"公共领域"理论的高度肯定以及公共领域和社会的某种要素的关联上，如托马斯·麦卡锡（Thomos Mccarthy）、希拉·本哈比（Seyla Benhabib）、南希·弗雷泽（Nancy Fraser）等从哲学角度研究公共领域的概念辨析与演进、公共领域与民主、公共领域与道德等问题，尤其是公共领域与传播媒介的关系受到高度重视。

除欧美学界之外，日本学界对公共领域的研究也值得关注。如前所述，在日本兴起的公共哲学受到欧美思潮的影响，但突破了欧美中心主义的偏颇和局限，是一种具有创造新理论的学术运动，同时强调公共哲学不仅是理论探讨，更要积极行动，把它发展成了政府公务人士的必修功课，因而也是一种在现实中影响到社会进程的运动。日本公共哲学比较突出的代表有：佐佐木毅、金泰昌、山胁直司、源了圆、黑住真、沟口雄三、奈良毅等，他们在问题意识上与欧美"公共哲学"所思考的方向不全然相同，也反对天皇系统下自上而下的"奉公灭私"传统，提出了"活私开公"、"公私共媒"等独特术语。日本、韩国学者的研究带有浓厚的东方文化基调，是基于东方社会的文化传统的，如佐佐木毅（日）、金泰昌（韩）等主编的"公共哲学"丛书第4卷《欧美的公与私》，基于东方的"公私"观念去解读哈贝马斯的公共性思想。

（二）国内研究现状

在20世纪80年代开始，我国就已经有学者研究哈贝马斯，比如1988年，辽宁教育出版社出版了薛华所著的《哈贝马斯的商谈伦理学》，该著作从德国哲学的发展脉络中去研究哈贝马斯，重在阐述哈贝马斯的思想来源，指出他在主体间性结构、道德意识观念等方面都深受黑格尔的思想的影响。

1993 年，重庆出版社出版的西方马克思主义丛书中，其中有一本是陈学明的《哈贝马斯的"晚期资本主义"论述评》，可见此时哈贝马斯被作为西方马克思主义的代表人物、法兰克福学派的成员加以介绍和研究；陈学明在书中认为哈贝马斯背离了马克思主义轨道，但他提出的"科学技术是第一生产力"和"晚期资本主义"改革思想对我国具有较好的借鉴意义。除了为数不多的著作，国内的学术刊物上也登载了一些研究文章，主要是对哈贝马斯某个或某些思想的介绍，如 1980 年刊载于《哲学译丛》第 1 期的《哈贝马斯的哲学自由主义的社会乌托邦》和第 5 期的《哈贝马斯的社会批判观念述评》，以及发表在《国外社会科学》上的《于尔根·哈贝马斯：马克思之后的社会理论》，其实主要是翻译和介绍。此外，有一些译著陆续问世，尽管如此，此时并没有形成研究热潮，只能算作国内哈贝马斯研究的起步阶段。

从 20 世纪 90 年代中后期至今，国内的哈贝马斯研究进入了丰富和发展阶段，论著众多，令人目不暇接，一时间哈贝马斯研究成了显学，主要的传记类著作有余灵灵的《哈贝马斯传》、艾四林的《哈贝马斯》、陈勋武的《哈贝马斯评传》等，研究性著作有欧力同的《哈贝马斯的"批判理论"》，曹卫东的《曹卫东讲哈贝马斯》《交往理性与诗学话语》，张向东的《理性生活方式的重建：哈贝马斯政治哲学研究》，龚群的《道德乌托邦的重构：哈贝马斯交往伦理思想研究》，李佃来的《公共领域与生活世界：哈贝马斯市民社会理论研究》，章国锋的《关于一个公正世界的"乌托邦"构想——解读哈贝马斯交往行为理论》，郑召利的《哈贝马斯的交往行为理论》，李淑梅、马俊峰的《哈贝马斯以兴趣为导向的认识论》，季乃礼的《哈贝马斯政治思想研究》，刘钢的《哈贝马斯与现代哲学的基本问题》，王晓升的《商谈道德与商议民主：哈贝马斯政治伦理思想研究》，贺翠香的《劳动·交往·实践——论哈贝马斯对历史唯物论的重建》等。尤其需要指出的是，和本书相关的"公共性"研究热潮，则需要回溯到 1999 年，随着曹卫东等学者翻译的《公共领域的结构转型》中译本的面世，国内学界也开始掀起了"公共领域"研究热，涉及政治学、社会学、传播学、伦理学以及文学艺术等多个学科。从哲学领域和马克思主义理论领域来看，曹卫东、汪晖、郭湛、王维国、贾英健、曹鹏飞、杨仁忠、袁祖社等学者是研究的主要力量。

归结起来，国内和"哈贝马斯公共性思想"相关研究成果主要集中在以下方面：

第一，对公共性、公共领域、市民社会等概念进行辨析，对公共领域的类型、历史演变等进行考察。在公共领域、公共性概念的界定方面，学者们的观点尚未达成一致。有的学者认为公共领域与公共性是本质上相同的概念，有的学者认为两者密切相关，但不能等同。在公共领域和市民社会的关系方面，有的学者认为公共领域就是市民社会，有的认为市民社会产生了公共领域，但两者并不是一回事等等。虽然学者们的观点差异很大，有的甚至相互对立，但总的来说，学界对哈贝马斯的公共领域观是基本认同的，认为公共领域是市民社会和公共权力的中间地带，其最明显的特征是批判性，主要形成的是公共意见和公共舆论；而公共性相对而言则是一个更为复杂的、更为抽象的概念，应该如何理解和使用，需要结合不同的学科语境，不能一概而论。

第二，探讨哈贝马斯公共领域理论的价值和意义，尤其是对各自学科的价值何在。目前来看，在这方面，新闻传播领域对哈贝马斯的公共领域理论最为重视，尤其重视对公共领域和传媒的关系的研究，因为哈贝马斯的理论当中有较大篇幅论述了公共传媒、大众传媒，强调其在公共领域中的重要作用。政治哲学领域的学者更重要研究公共领域理论对民主政治的价值和意义，认为公共领域制约政治权力，为其提供合法性基础，意义十分重大。在马克思主义理论领域，学者们还研究了哈贝马斯公共领域研究对我国构建社会主义和谐社会的价值和意义，我们从贾英健与肖蓉的《公共性与和谐社会的构建》、郑杭生的《社会和谐与公共性》、杨仁忠的《论公共领域对构建社会主义和谐社会的独特作用》、张雪梅的《哈贝马斯的公共领域理论对构建和谐社会的启示》等数篇文章中可以看到这一点。

第三，探讨新兴的网络公共领域。我国学者将目光聚焦于公共领域理论的当代性。虽然哈贝马斯并没有关于网络公共领域的阐述，但是由于网络的开放性、平等性、匿名性等特点，更符合哈贝马斯对公共领域所做的基本规定，被认为是一种新型的公共领域，成为研究的一个热点。有的学者对网络公共领域进行了发生学分析，有的探讨它的运行机制、作用、前景等，涌现了一批较有价值的研究成果。

　　第四，研究"公共领域"的中国命题，主要涉及我国公共领域的历史形态以及当前境况等方面的问题。目前学界所研究的问题主要集中于：1. 我国社会，包括古代社会、近代社会和现代社会是否存在公共领域。2. 如何建构中国公共领域的问题。理论最终要落脚于实践，研究公共领域的目的还是要推动我国公共生活的良性发展。有学者指出，应该自下而上构建我国的公共领域，有人则提出自上而下的由政府主导和推动的构建路径。

　　综上所述，国内外学者的相关研究取得了一系列成果，但也存在明显不足：一是研究重点大多聚焦于"公共领域"理论，关于公共领域的研究可以用初期阶段来概括。主要停留于西方为数不多的有关公共领域著作或论文篇章的介绍。对哈氏的公共性思想缺乏总体把握和深入分析；公共性本质上是个人性的延伸，是现代性的基础和最基本的特征。二是即使是对"公共领域"的研究，也较多是"市民社会"研究的依附，"公共领域"研究的独立性不足。三是对哈贝马斯公共性思想当代效应的反思还不足，未能充分阐发哈氏所倡的公共精神对当今公共生活的深刻影响。公共性是在更为深刻的层次上揭示当代生活的丰富内容，更深入地展示了人的社会性本质。

三、研究的目的及意义

（一）研究目的

　　笔者对公共性理论一直有着长期的关注，尤其在近年来我国公共事件频频发生的情况下，兴趣越来越浓厚，有从理论层面一探究竟的愿望。"公共性"（publicity）一词，从词源学的角度看，是源于古希腊语，它最初的含义是超出自身利益，考虑他人利益，有一定的公共意识，可以参加公共事务。随着时间的推移，"公共性"在不断地推展其概念的外延和内涵，成为与"现代性"齐头并进的重要理论。而研究公共性是无论如何都绕不开哈贝马斯的，因此本书的目的是对哈贝马斯的公共性思想进行一个较全面系统的研究。从前文的阐述我们已经能清楚地看出，国内外学者对哈贝马斯的公共领域理论研究得比较充分和透彻，但是公共领域理论只是哈贝马斯公共性思想的重要组成部分，不是它的全部。笔者认为，公共领域理论不能涵盖哈贝马斯的相关思考，哈贝马斯实际上探讨市民社会和公共领域、公共领域与私人领域、公共领域和公权领域、公共领域与生活世界等多方面的关系，形成了一个涉及多个维度的话语框架，用"公共性"这一术语来统摄更为准确。哈贝马斯是目前仍然活跃在国际学术论坛的大师级人物，著述丰富，是当代对公共性论题贡献最突出的思想家之一。对这样一个学术大师的公共性思想进行深入研究，具有重要的理论意义和实践意义。

（二）研究意义

（1）理论意义。公共领域的研究已经成为学术界的一个重要热点。应该说，国内外学者对哈贝马斯的公共性思想有了一定的研究，尤其是对他的"公共领域"理论研究颇多。本书的研究试图在学界已有成果的基础上，对哈贝马斯公共性思想进行全面而深入的综合、提升，以弥补现有研究的不足，深化"公共性"理论、西方马克思主义研究，为丰富马克思主义哲学的视域作一些建设性的工作。公共性是当今学界的一个学术热点，也是马克思主义哲学创新的一个崭新视域。与此相关的许多问题还需要进一步探讨，原因在于，关于"公共性"这个概念比较抽象，在不同的学科中，不同学者对之的理解很不一致，使得这一概念的能指和所指也有一些差异。公共哲学作为一个初露端倪的分支学科，要想发展成熟获得独立的学术品格，就必须有自己核心的概念术语，并围绕这些概念术语进行框架结构的构建。公共哲学的核心术语无疑是"公共性"。因此，我们必须使"公共性"获得清晰的理论规定性，这样才有可能支撑起公共哲学的框架，概念的梳理、界定、比较、分析正是基本功夫。当代马克思主义哲学对公共性的研究，将能使我们清晰地认识当代生活世界，深化我们对唯物主义历史观的理解。

（2）实践意义。公共性既是社会建设的重要目标之一，又是其基础。社会公共性的建设和完善对发展中的中国具有重要意义。当今中国公共理性的弘扬和诉求，日益成为社会的一个特征。中国在推进社会公共性建设方面还存在诸多问题，这些问题不能简单地归因于体制，还必须借鉴哈贝马斯对公共性的认识，从公共领域的源生地等更为深层次的因素中去进行理解，去展开批判性的反思，最终推进当代公共精神的形成。理论从实践中产生，最终又回到实践，实现认识过程的进一步跨越，这是马克思主义哲学认识论的基本观点。对"公共性"进行深入的哲学研究，最终要回归社会公共生活，能够帮助我们审视当前的公共生活是否在良性、有序地发展，促使各主体各得其所，防止其"越位"和"缺位"，一句话，能帮助我们更好地理解现实生活中人与人之间的共生共存关系，以便能更好地塑造我们的公共生活。公共性是现代社会的重要标志，它在一定程度上能推动当代人价值观的深刻变革，对我国的现代化进程、政治文明建设、公共精神等的形成意义重大。

四、研究的思路及方法

本书以"公共领域"和"生活世界"作为关键词，通过理论思考和现实启示相结合来展开研究，基本的写作框架如下：

导论部分：阐明本课题研究现状、目的、意义和方法。在导论部分，主要阐述选题背景与意义，回顾并梳理相关已有的研究成果，概述研究思路和结构安排，在此基础上分析自身研究的创新与不足。

第一部分：哈贝马斯公共性思想的渊源。从古希腊到哈贝马斯时代进行总括和简述，其中以卢梭和康德为代表来加以分析，然后将重点放在对哈贝马斯有直接影响的汉娜·阿伦特公共性思想的阐述上。

第二部分：哈贝马斯早期公共性思想。以"公共领域"为核心，探讨哈贝马斯关于公共领域的界定、历史追溯、类型划分、结构转型分析、公共领域与公权领域、公共领域与市民社会、公共性危机等思想。

第三部分：哈贝马斯晚期公共性思想。以"生活世界"为中心，从哈贝马斯本人的生活体验出发，探讨哈贝马斯关于公共领域的源生地——生活世界，阐述生活世界和体系、生活世界与公共领域、生活世界的殖民化等思想。

第四部分：哈贝马斯公共性思想的理论反思。从解释学视角，分析哈贝马斯公共性思想的理论价值，进一步理清什么是公共性、什么是公共领域等基础性的问题，主要就哈贝马斯公共性思想中的理想性与现实性、普遍性与多元性、现代性与后现代型、批判性与建构性的争议性问题进行分析。

第五部分：哈贝马斯公共性思想的现实考量。哈贝马斯的公共性思想不仅有理论效应，更具有实践效应，换言之，单纯地从理论角度理解哈贝马斯公共性思想的价值有失偏颇。活生生的现实为我们提供了非常好的分析视角，对当今时代基于科学技术的公共领域进行描述性研究，让我们能够更加准确地理解哈贝马斯思想的当代性。本文拟提炼出"大数据时代的公共性"和"微时代的公共性"两个具有现实针对性的考量维度。

余论：从哈贝马斯的公共性思想延伸到国内学界的公共哲学研究，揭示我国公共哲学兴起的根源，探讨公共哲学与政治哲学的关系，指出我国公共哲学研究的独有论题，勾勒和展望我国公共哲学问题研究的未来图景。

在"哈贝马斯公共性思想研究"这个选题上，本书的基本观点如下：

哈贝马斯的公共性思想受到了前人的深刻影响。卢梭、康德、汉娜·阿伦特等人的论述给哈贝马斯提供了丰富的思想资源。

从《公共领域的结构转型》到《交往行动理论》，哈贝马斯持续不断地探索公共性问题。其公共性思想有前期、后期之分。

前期公共性思想主要体现为"公共领域"理论，公共领域是国家与私人之间的中间地带，它是作为私人的人们从私人领域中走出，表达自己的某种公共诉求的领域；后期公共性思想体现为"生活世界"理论，"生活世界"是交往行动的"蓄水池"，有了这个源生地，交往主体遵循公共理性、公开和公平等地在对话中达成共识才有了可能。因此，"生活世界"理论是对"公共领域"的深化，比公共领域更具根源性，能够作为公共领域之所以形成的根源和基础，公共性隐藏在人们在日常生活中，公共领域是国家与私人之间的"共振板"和"传感器"。可见，哈氏后期的公共性思想着力回答公共领域何以可能的问题。由此，哈氏前期、后期公共性思想之间形成了一个话语贯通与逻辑关联。

总体上，应该全面地分析和把握哈贝马斯对公共性的理解，不能将其

"公共领域"思想等同于公共性思想,"公共性"思想还包含作为目的和价值取向的"公共性",即共同利益和价值,也包含社会生活中的人在理性指引下充分发挥自身的主体性,参与公共活动,维护公共利益或公共价值等。哈贝马斯的"公共性"是一个哲学概念,涵盖公共主体、公共理性等一系列相关概念,当然,"公共领域"是核心。

公共性的增长是当代生活世界不可遏止的趋向,我们这个时代正深深地打上公共性的烙印。哈贝马斯的公共性思想深具启发性,超越了他的时代,引起了广泛争鸣和拓展阐扬。

关于本书的研究方法,主要以马克思主义为指导,采取的研究方法为:

(1)文献研究法。通过大量的尤其是国内文献的研读,掌握卢梭、康德、阿伦特等人,尤其是哈贝马斯关于公共性的本真思想以及学界的研究程度。

(2)比较研究。主要将哈贝马斯和汉娜·阿伦特等人的思想进行简要的比较,以彰显哈贝马斯思想的借鉴之处或原创性。

(3)交叉学科研究法。综合运用社会学、政治学、哲学的研究方法和已有成果,多角度把握哈氏思想。法兰克福学派的一个理论特色就是多学科、多领域视角的分析,哈贝马斯思想的研究成果也分布在各个领域,因此必须采用交叉学科研究法。但是,在多学科中,重点放在哲学学科,以哲学视角的研究为主。

(4)理论和实际相结合研究法。本书将理论和实际相结合,彰显哈贝马斯的远见卓识和敏锐的洞察力,强调其思想强烈的现实意义。

五、研究的创新之处及不足

本书的特色和最重要的创新之处是把哈贝马斯的公共性思想作为一个总体来考察,通过两个重要范畴"公共领域"和"生活世界"将其公共性思想贯通起来,全方位探讨其公共性思想的背景资源、演变路径、逻辑架构、争论焦点,深入分析这一理论在当代的学术效应,对其价值和限度进行评析和定位。目前学界的相关研究对哈氏涵盖更广、更具普遍性、哲学意义的公共性思想关注和研究还不够，尚未有以此为主题的著作面世。本书将丰富公共性研究，对西方马克思主义研究和马克思主义哲学创新也是一个新推进和新论证。本课题研究还结合当代科技社会的最新发展，分析"大数据时代的公共性"以及"微时代的公共性"，这也是当前学界尚未广泛涉及的主题，从而使得研究具有时代感和现实针对性，也赋予了课题一定的新意。

　　哈贝马斯的思想比较晦涩难懂，要想深刻领悟，在借鉴他人研究成果的同时，还需认真研读其原著，尤其是德文原著。本研究的不足之处在于由于外语能力的限制，无法直接阅读哈贝马斯的德文原著，所使用的文本主要是国内学者翻译的哈贝马斯的相关著作，同时由于时间的限制，在外文资料的搜集把握、吸收利用方面存在很多不足，对哈贝马斯本人大量的著作也无法一一卒读，而且自己的学术功夫尚浅，对当今时代精华的理论归纳等还不够到位，在一定程度上影响了研究视野的广阔性和理论分析的深入性。

第一章　前哈贝马斯的公共性思想

第一节　先哲视域中的公共性

有学者指出，"从西方古代历史文化去考察，'公共'一词派生于希腊词 pubes（public），相当于 maturity（成熟、完备），是具备公共精神和公共意识的成熟的公民可以参加公共事务的意思。到 17 世纪初，公共（publicus）的意义缩小到 staatlich 的内涵，即指与'国家相关的事情'，publicus 更为广泛的含义消失了。到 18 世纪的时候，把'公共的'削减为'与国家相关的'过程在德国法学家那里达到了高潮"。①

现代公共哲学的旗手李普曼也指出，对公共性的探索并非从他开始，公共性研究实际上极其古老，早在在古希腊，就已经出现了寻求一种公共哲学或仅仅是一种探讨"公共性"的努力。其中，苏格拉底学派的思想家色诺芬、柏拉图和他的著名弟子亚里士多德等人便是佼佼者。柏拉图在其名著《理想国》中探讨的政治理想、亚里士多德的"城邦国家"理论都影响深远。古希腊人不仅有理论探索，同时在城邦中有关于公共事务的初步性实践，在那个令人心驰神往的黄金时代，可以说相比较于世界上其他地域的民族国家，他

---

① 〔美〕詹姆斯·施密特编：《启蒙运动与现代性：18 世纪与 20 世纪的对话》，徐向东、卢华萍译，上海人民出版社 2005 年第 1 版，第 260 页。

们拥有一种较高质量的公共生活。古希腊被古罗马所征服，罗马帝国时期的"自然法"理论对古希腊的公共精神有所继承和延续，较多地探讨了公共性问题。在文艺复兴时期则出现了以马基雅维利等为代表的政治思想家，而 17 世纪以降，在欧洲国家，从英国到法国以及德国，从霍布斯、洛克到康德、黑格尔，再到功利主义学派，他们研究的问题涉及民主、民权、政体、自由、平等以及博爱等，产生了诸多鞭辟入里的理论和学说，虽然绝大多数理论的主题是政治哲学或者被人们归结为政治哲学，但是对公共性的追求却在这些深刻思考中若隐若现。

在不胜枚举、灿若星辰的思想家中，卢梭和康德两位尤其值得关注，原因在于二者的思想尤其是康德的思想，直接影响了著名的美籍德裔女哲学家汉娜·阿伦特，而后者，众所周知，其思想是哈贝马斯公共性思想的直接来源。

一、卢梭的"公意"

卢梭（Jean-Jacques Rousseau）是法国十八世纪最伟大的启蒙思想家之一，他的著作《论人类不平等的起源和基础》《社会契约论》《爱弥儿》《忏悔录》等都是传世的经典，尤其是《社会契约论》中对民主的论证，影响到了西方传统政治思想的发展。如果说卢梭在公共性思想方面留下了浓墨重彩的一笔，那也主要体现在对社会契约的论述过程中。

"公意"[①]（general will）是卢梭在构建社会契约过程中提出的一个重要概念，是其民主思想的重要标签之一。卢梭说："'创建一种能以全部共同的力量和保障每个结合者的人身和财产的结合形式，使每一个在这种结合形式下与全体相联合的人所服从的只不过是他本人，而且同以往一样的自由。'社会契约所要解决的，就是这个根本问题"，"如果我们把社会公约中非本质的东西都排除掉，社会公约就可简化成如下的词句：我们每一个人都把我们自身和我们的全部力量置于公意的最高指导之下，而且把共同体中的每个成员都

---

① 在《社会契约论》中，"公意"一词出现的次数多达 80 余次。

接纳为全体不可分割的一部分。"①在卢梭看来，社会契约能保障个体的人身和财产，包括个体的自由；公意是社会契约的规范与本质，是为维护个体权利（人身自由权与财富所有权等）设定的原则；社会契约的要义就是社会共同体始终处于公意的指导之下，共同体中的个人也都必须始终服从于公意，只有公意才能构成社会共同体的真正内核。那么，公意究竟是什么？公意又是如何产生的呢？在《日内瓦手稿》②中，卢梭引述狄德罗的话说，公意在每个人那里是一种纯粹的理解行为；从表面上来看，这是人与人的联合行为所致，实际上它是基于人内在的一种理解行为。

卢梭认为人具有两重性：一方面是努力满足私人利益，渴望不断增长的经济利益，满足不断增长的物欲；另一方面，又明白自己和他人权利的范围和界限，知道他们必须承担起自己的社会义务，实现公共正义。在《社会契约论》中，卢梭指出，首先得区别"公意"与"众意"概念，才不会带来理解上的误会。卢梭论证说："众意和公意之间往往是有很大的差别的；公意只考虑共同的利益，而众意考虑的则是个人的利益；它是个别意志的总和。但是，从众意中除去互相抵消的最多数和最少数以后，则剩下的差数仍然是公意。"③"公意"并非"众意"，两者之间实际上存在着很大的差别，这种差别体现在两者对不同利益的诉求，公意只着眼于公共的利益，而众意则着眼于私人的利益，众意只是个别意志的总和。也就是说，公意是人民的共同意志和公共利益的集中表现，是公共人格的体现，众意只是许多个人意志和利益的总和。每个个人作为人来说，可以具有个别的意志，个别意志可能会与他作为公民所具有的公意不同，甚至是相反的。

卢梭区分了"公意"和"众意"两个非常类似、容易被混淆的概念，但是他也注意到两者之间的关联性和一致性，即"公意"是要依存于"众意"的，对于公意的产生方式，卢梭认为其产生于众意之中，公意是将众意之中

---

① 〔法〕卢梭：《社会契约论》，李平沤译，商务印书馆 2011 年第 3 版，第 19—20 页。

② 《日内瓦手稿》被学界视为卢梭的代表性著作《社会契约论》的第一稿，《社会契约论》还有一个定稿本，通称《巴黎稿本》。

③ 〔法〕卢梭：《社会契约论》，李平沤译，商务印书馆 2011 年第 3 版，第 33 页。

的私人利益抵消之后的结果，所得的公意仍是统一的，而不是分歧的。这里可以看出卢梭所提出的公意相对于众意的优越性，即公意本身已经考虑到了每一个个体的自身最大的利益，并且在达成的过程中做出了裁决，而这种裁决永远是公正的，因为它永远以公共利益为依归。因此，每个人都要在公意的指导下来实现自己的自由，如果不服从的话公意就会强迫个人服从，而这种服从在卢梭看来不是一种新的奴役，归根结底这实际上只是服从于自己。

可见，个人利益和公共利益是理解"公意"和"众意"的关键。"公意之所以能成为公意，不在于它所得的票数，而在于其间有使人们结合起来的共同的利益，因为，在这种制度下，每个人都必然会服从他要求别人遵守的条件，这种利益和正义二者之间的可赞美的一致性，使公众的讨论具有一种任何其他个人事情所没有的公正性。"① "多数表决的规则"不一定能获得公意或代表着公意，如果不是着眼于公共体的共同利益，虽然获得较多的票数，也只是代表了个人利益的实现。作为个体的个人拥有着代表着个人私利的"小我"以及作为公民的个人拥有着代表公共利益的"大我"的双重人格，而这个作为公民的"大我"才是我的真实的意志，即使我没有意识到它。这种"大我"的意志通过汇集形成了公意，公意本身是排除了个人私利的一种道德性的意志，它源于人类的道德和理性。

卢梭反对小集团的利益，他认为，小集团内部达成的一致只是整个共同体公意的一部分，而且其很可能对公意产生干扰，因为只有个人作为独立的个体进行表达，才能产生出大量的分歧，分歧相互抵消才能得出公意。"如果有人玩弄阴谋，形成了牺牲大众利益的小集团，则每一个这种集团的意志对其成员来说就成了公意，而对国家来说就成了个别意志。"② 在这个意义上，卢梭主张要消除掉社会中一切的小团体与利益集团，所有个人都团结在一个共同体之中。个人利益和共同利益、个体意志和共同体的意志在一定条件下也是重合的。在卢梭看来，即使所有个体都赞同一个并不代表公共利益的约定，那仍然是众意而非公意，公意的内涵是代表着公共利益的至高的理性，尤其

---

① 〔法〕卢梭：《社会契约论》，李平沤译，商务印书馆 2011 年第 3 版，第 36 页。

② 〔法〕卢梭：《社会契约论》，李平沤译，商务印书馆 2011 年第 3 版，第 33 页。

是运用"公意"的终极目的是共同体的公共幸福。在此，卢梭对"公意"和"众意"的理解是非常辩证的。

以此为基础，卢梭阐述了法律和公意的内在关联性，"法律只考虑臣民的共同体以及抽象的行为，而绝不考虑个别的人以及个别的行为""法律的对象永远是普遍性的""法律乃是公意的行为"；公意也就是"人民的意志或主权的意志""公意或主权的意志永远应该是主导的，并且是其他一切意志的唯一规范。"对此，有学者进一步总结法律、公意和自由的关系："首先，公意是抽象的也是具体的，它的化身是保障人人平等的法律和使得每一个人都能享受他们的自由权的政体，其次，公意即是一般的，也是个别的，它的个体形式是每一个人的合法的权利，人人既是自由的主体，也是他人自由的受体。再者，公意既是自由的，也是服从的，自由并不与服从相矛盾，服从一己私利不为自由，服从公意为自由。一个人如果不服从公意，就是不愿自由，法律可以强迫他自由。"①正如卢梭在《社会契约论》第一卷就说出的至理名言：人是生而自由的，但却无往不在枷锁之中。自以为是其他一切的主人的人，反而比其他一切更是奴隶。所谓自由，就是服从公意。

那么，公意又是如何得到的呢？怎么获得公意并能做出明确的表述呢？在这个问题上，卢梭陷入了矛盾之中。一方面，卢梭认为，应该是所有人的一致性的意见才是公意，那么就应该让所有公民直接参与，卢梭是非常主张直接参与的，因为他有一个观点，就是主权在民，也就是说主权是属于人民的，这种主权是不能被代表的。但是卢梭也承认，如果实行全员参与，在实际操作中不太可能，尤其是对大国而言，规模比较小的国家要让公民集合起来是可以办到的，但是如果国家的规模非常庞大呢？这就是不可能完成的任务了。卢梭还认为全员参与的公民要相对是平等的，比如财富、地位等，一旦不平等，公民之间容易出现矛盾冲突，而且还得是一个民风淳朴、社会风气良好的社会才是直接参与的条件，如果一个社会以权钱的掌控为成功的标准，那么民众势必追名逐利，为谋求自身最大的利益而战，又谈何公意呢？

所以，卢梭退而求其次，认为既然直接参与不可行，那就只能追求代议

---

① 赵敦华：《西方哲学简史》，北大出版社 2001 年版，第 282—283 页。

制，民众通过选举推选出代表，由这些代表共同决策，以此达成公意，那么，谁才能了解公意，并且能明确表达公意呢？卢梭认为得是德才兼备者，唯有德之人，才能对民众的意见不偏不倚，否则就可能沦为某些众意（个人利益）的代言人；而有才之人才能把握全体民众的意见，这谈何容易呢？因此，卢梭自己也感慨地说："要为人类制定法律，简直是需要神明。"①

尽管如此，卢梭还是对"公意"抱着极其美好的、坚定的信念，就像一个圣徒怀抱着对上帝的信念一样。他认为，尽管形成公众公意的各种判断并不一定正确，也并不永远都是明智的，但是公意一旦形成，则永远是公正的、绝对的、无条件的、无保留的。公意永远是而且永远以公共利益为依归，它遵循社会契约，统合社会中存在的各种力量；公意始终是牢固的，不可败坏的；它永远是纯洁的，只不过有时屈居于另外一些现在比它更强烈的意志罢了。

"公意"概念的提出是卢梭思想中最为重要与独特的一部分，可以说没有"公意"也就推导不出"社会契约"，没有"社会契约"，也就没有民主体制，可见公意在卢梭的民主思想中扮演了极为重要的角色。但它也是引发后人争议最多的一部分。然而卢梭对于公意达成方式的论述毕竟太过于抽象了，公意的产生没有经过社会公众的公开的、批判性的辩论，公意达成的具体机制和中间环节等等的缺失，从众意上升为公意的过程像变魔法一样，使人难以捉摸与理解。而最终卢梭还使得公意在一定的意义上变成了一个先验性的范畴，因为卢梭是一个宗教信徒，因而他把出于人的意志的行为理解为是出于上帝的意志的行为，而上帝的意志内在于每个人内心之中。公意是出自上帝意旨形成的公民的道德人格，在缔结社会契约之后，自然人转变成了公民。在卢梭看来，当某一个体去检视自己的内心时，就能感受到上帝的意志，甚至可以说让渡个人利益、形成公意与其说是内在自觉、良心的启示或理性的指引，不如说就是上帝的召唤，从而保障了最大多数的特殊意志之间的一致性。卢梭的基本的理论逻辑是：公众出于所缔结的社会契约，形成公意，委托给公共机构去行使公共权力；公共机构通过"公共咨询"，了解公意，在自

---

① 〔法〕卢梭：《社会契约论》，李平沤译，商务印书馆 2011 年第 3 版，第 19 页。

己的权限和范围内，换言之是在"权界"之内去处理公共事务，从而达成其公共性本质。

二、康德的"理性的公共运用"

康德（Immanuel Kant），是德国古典哲学的重要代表，近代最伟大的哲学家之一，他最重要的著作《纯粹理性批判》（1781 年）、《实践理性批判》（1788 年）和《判断力批判》（1790 年）构成了一个伟大的哲学体系，其深邃的思想使得哲学迸发出迷人的魅力，吸引后来者心驰神往，沉迷其中。海涅曾经赞叹说，德国被康德引入了哲学道路，哲学变成了一件民族的事业，一群出色的思想家突然出现在德国国土上，就像用诱人的魔法呼唤出来的一样。

应该说，康德是认同卢梭关于社会契约的思想的，他肯定了社会契约的规范性，肯定了公意的重要作用，因此康德和卢梭的思想发生了关联。但是，康德并没有对"公意"等相关论题进行系统全面的论述，他对"公共性"的论述散是见于《答复这个问题："什么是启蒙运动？"》《世界公民观点之下的普遍历史观念》两篇论文以及《纯粹理性批判》《实践理性批判》等著作之中的，但主要还是集中在《答复这个问题："什么是启蒙运动？"》这篇短文中，该文是康德于 1784 年 9 月所写，虽然短小精干，但后来却被奉为一篇经典文献。它实际上是对启蒙的一种思考，而不是专门以"公共性"为对象的考察。

此时已经到了启蒙运动的尾声。从字面上讲，启蒙运动就是启发民智，反对愚昧的思想文化运动。在西方哲学史上，18 世纪往往被称为启蒙的世纪，作为一种运动，其矛头直指教会以及传统的专制制度，因为教会宣称其读经解典方面唯一的权威性，信徒要通过教会才可以和上帝沟通，从而压制了信仰自由；专制制度则压制人的政治自由。启蒙运动是提倡普及文化教育的运动，主要在反对教会与专制两个方面进行文化普及的努力，它相信理性，相信人获取知识的能力及知识对人的改变，相信信徒可以提出自己对《圣经》的理解，用信仰自由对抗宗教压迫，用真正信仰来摧毁天主教权威和宗教偶像；它反对君权神授，反对等级制，主张天赋人权，法律面前人人平等，宣扬新的政治思想体系，用政治自由对抗专制暴政，提出一系列政治纲领和社会改革方案，旨在追求更具有合法性基础的社会新秩序，在此基础上，它还进一步从哲学上对自由、民主、平等进行论证，提出一整套哲学理论，可以说这是继文艺复兴后的又一次思想解放运动，其精神就是追求自由、平等与博爱。

相比较而言，法国的启蒙运动较为彻底，代表人物众多，思想影响深远，而德国的启蒙运动比起英国和法国起步要晚一些，因为此时的德国实际上是一盘散沙、各自为政的状态，启蒙运动对于这个封建帝国而言具有一定的超前性。因此，当时思想界还在思考这样一个重要问题：什么是启蒙？《柏林月刊》就抛出了"什么是启蒙"这样一个问题，一度引起了全国知识界的极大兴趣。

按照比较流行的对启蒙的看法，启蒙是少数人凭借其观点和思想对大众的引导，这实际上是一种精英主义立场的观点，当时的启蒙主义者中的大多数人并没有完全使自己免于这种精英主义的立场。持这种观点的人首先当然是推崇理性的，他们分享着对于理性和人类进步的乐观信仰，但是他们认为少数精英的理性要远远高于大多数公众，社会共同体的绝大多数成员缺乏充分的理性和见识，他们不能按照理性的原则来行动，而且公众和精英之间在理智上的差距始终是存在的，因此启蒙就是要依靠精英做出促进普通公众进行思考和判断的努力，而且有必要在少数精英的指导和监护之下自上而下地逐级展开。而精英的启蒙智慧从何而来，流行的观点是来自一个人的自我思考，是向内去发现真理的光芒。这种观点充分肯定了主体自身独立的判断和思考，也就是充分肯定了人的主体性，肯定理性主体的自我解放。

可见，近代思想家所说的理性，在主导方面是个体理性，简言之，是一种内省，而不是公共理性。康德最初也很欣赏这一点。康德哲学的一个重要的理论基点，就是把人看作是道德自律的个体。一切有关个人权利、自由以及合理的社会安排的论证，都离不开每个人都是理性的个体这样一个逻辑前提。作为理性的存在者，每一个人都具有基本的道德能力，这种能力使得他们能够确切地知道自己的利益所在。但是当康德在 1784 年 9 月专门写一篇文章回答"什么是启蒙"问题时，文中的思想却和之前的有所不同了。

在这篇发表于《柏林月刊》的讨论"启蒙"的经典文献中，康德给"启蒙"作出了他所理解的定义。所谓"启蒙"就是人从他咎由自取的受监护状态走出。那么，什么是"受监护状态"呢？所谓"受监护状态"，就是"没有他人的指导就不能使用自己的理智的状态。"①由于康德在这个定义中已经非常明确地把"受监护状态"标示为是咎由自取的，也就是说，千万不要产生这样的误解：就是大多数人不能独立地运用自己的理智，是因为他们在天性上的不足或幼稚。当然与他同时代持精英主义立场的启蒙主义者不一样的是，康德把启蒙看作是人作为理性主体的自我解放。换言之，启蒙意味着大多数人在精神上摆脱对于少数精英或者权威的依赖，并独立地进行思考和判断。康德认为，其实大多数人是并不缺乏理智的，他们长期以来对于少数人的精神权威的依赖，只能被归结为是他们自身意志上的原因，即他们的怯懦和懒惰。正是在这一意义上，他们应该对自己陷入的"受监护状态"负责。

康德认为，启蒙是一个个体或人类脱离幼稚、走向成熟的过程，也就是摆脱蒙昧、不再依赖于权威的状态和过程。在这个过程中，内省是难以带来启蒙的。由此他将人类理性的实际运用划分为两大类：一类他称之为"理性的公开（公共）运用"；另一类他称之为"理性的私下运用"。两类理性的运用相比较，很显然，自然状态预设的那种孤立、封闭的理性运用是不充足的；思考虽然是独自进行的，但并不等于是绝无依赖的独立进行的，相反是公开的，对所有人都是开放的才富有意义。理性的本性不是"自我孤立的而是要求和他一样融入共同体"，也就是思考本身应该具有开放性，如果没有与他人的交流，思考能力就会萎缩直到消失。人在本质上需要的是与他者共存，这是理性对于人提出的先天的义务性要求，因为人是复数的存在；康德意识到，对于大多数人来说，试图完全依赖于个人的力量来摆脱他们长期在理智上受到的桎梏几乎都是不可能的，个人的理性能力再强大，也是有限的，一般的情况是，凭借个人的力量是很难摆脱幼稚和蒙昧的，而向外拓展的、公

①〔德〕康德：《康德著作全集》（第8卷），李秋零主编，中国人民大学出版社2010年第1版，第40页。

开的理性则蕴藏了摆脱理智上的桎梏的可能性，这就是他的"理性的公共运用"（"to make public use of one's reason"）这个思想的内在逻辑。①

康德指出，"理性的公共运用"意味着任何人都可以作为一位学者（Gelehrter）而在阅读世界的全体公众（Publicumder Leserwelt）面前运用他自己的理性。②人不仅要独立地运用自己的理性，而且还要勇于运用自己理性的人面向他者，公共性是理性运用的基本要求，公开地运用自己的理性，公开性就是公共性不可或缺的方面。不仅人自身要有公开运用理性的勇气，外部环境也要允许他充分地拥有这种自由，这样的人才是健全的人，才能真正成为人，因为这就"犹如森林里的树木，正是由于每一株都力求摄取别的树木的空气和阳光，于是就迫使得彼此双方都要超越对方去寻求并获得美丽挺直的姿态那样；反之，那些在自由状态中彼此隔离而任意在滋蔓着自己枝叶的树木，便会生长得残缺、佝偻而又弯曲"③。更重要的一点是，个人的理解再彻底、再通透，也难免有局限性，因此通过公开运用理性，不仅将自己的想法公之于众，而且得以获悉他人的看法，通过充分考虑每个人的意见，借助于他人的看法检视自己的每一个判断，从而扩展自己的看法，这就是"心智的拓展"。众人的"心智的拓展"则带来"公意"。

康德并把"公开运用自己理性"视为启蒙所必须的一种自由，"必须永远有公开运用自己理性的自由，并且唯有它才能带来人类的启蒙"④。康德在表明启蒙只有基于一种"理性的公共运用"才有得以实现的可能的时候，他已经在相当程度上对自己早期关于启蒙的个人主义的"理性化"方案作出了实质性的修正。每个人都应该拥有公开运用自己的理性的自由，而整个人类也必

---

① 〔德〕康德：《康德著作全集》（第8卷），李秋零主编，中国人民大学出版社2010年第1版，第41页。

② 〔德〕康德：《康德著作全集》（第8卷），李秋零主编，中国人民大学出版社2010年第1版，第42页。

③ 〔德〕康德：《康德历史理性批判文集》，何兆武译，商务印书馆1990年第2版，第10页。

④ 〔德〕康德：《康德历史理性批判文集》，何兆武译，商务印书馆1990年第2版，第24页。

须拥有这种自由，才能迈过启蒙的门槛，也是个体或人类获得启蒙的唯一途径。这种自由无法再向前追溯了，只能说这是人的天然本性。康德的这一思想也体现在其他著作如《纯粹理性批判》之中，只是不那么明显。

康德认为，政治权力并不是为所欲为的，公共权力与民众公意应该是一致的，唯有以广泛的公意为基础，政治权力方能获得它的合法性。康德在《纯粹理性批判》的方法论部分中指出："理性在其一切行动中都必须经受批判并且不能以任何禁令损害批判的自由而不同时损害他自身并为自己招致一种有害的怀疑。在这里，没有任何东西在其用途上如此重要，没有任何东西如此神圣，可以免除这种铁面无私、一丝不苟的审查。甚至理性的实存所依据的就是这种自由，理性没有独裁的威望，相反，它的裁决在任何时候都无非是自由公民的赞同，自由公民的每一个都必须能够言无不尽地表达他的疑虑乃至否决。"① 在《理论与实践》中，康德认为公共理性在本质上是独立于统治者及其权力的，并且它反过来还要求对后者进行规范；它至少约束统治者不要最大限度地偏离公共理性，并且宣称："言论自由……是人民法权的唯一守护神"。② 他指出，"公民社会"是有"完全正义的公民宪法"所约定的"普遍法治"社会，是人类"使用理性"的结果③。康德甚至认为，公开使用理性，不仅仅限于某个或某些社会，也可以是全人类或全世界的，既然他的对象是世界性的，他就需要以一位世界公民的身份、或者说站在人类的普遍立场上进行公开表达，这在一定意义上可以说是关于全人类的公共性思想的萌芽。

康德的论证仿佛和卢梭殊途同归了，但是，细细探究，两人的"公意"思想还是不同的，"近代卢梭渴望着一种具有全面内容和最高信仰的'公民宗教'，而康德心目中的'公共理性'和'公共正义'则主要是考虑为竞争的权益首先厘定一个基本而普遍的法则。在某种意义上，卢梭和康德为后来的思

---

① 〔德〕康德：《康德著作全集》（第8卷），李秋零主编，中国人民大学出版社2010年第1版，第474页。

② 〔德〕康德：《康德著作全集》（第8卷），李秋零主编，中国人民大学出版社2010年第1版，第308页。

③ 〔德〕康德：《康德历史理性批判文集》，何兆武译，商务印书馆1990年第2版，第8—9页。

想者探讨公共性提供了两个基本的路向。卢梭的'公意'已经是具有一种绝对乃至神圣、神秘莫测的性质，他又更明确地提出了'公民宗教'。卢梭意识到现代社会的人的两重性：既在心态上都是'资产者'、渴望不断增长经济的利益，满足不断增长的物欲；同时又是即将到来的广泛民主的社会的'公民'，为此他们必须承担起自己的社会义务。他试图使人们在各方面都尽量平等，以'公意'克服分立和个别的'私意'和'众意'，为公民社会树立起一个不同于以往宗教的新'神'，将个人利益和欲望、理想均汇入一个统一的道德、政治和精神人格，由一种至高的精神统摄和引领。康德则强调一种可以面向公众、公开运用的'公共理性'，强调一种普遍的、然而也是基本的遵守法则或'绝对命令'的观念，故此他也特别强调一种以权利和义务的结合为核心内容的宪政和法治。"①

　　两种有明显差异的公共性思想影响了不同的后继者。卢梭的"公意"从根本上说是源自最高信仰的，上帝这个至高的神的意志统摄一切，包括公意，也是来自于这一客观精神的。公意是上帝赋予的，更像是从天而降的，不是经过人们的公开讨论尤其是不经过人们的批判和反思的。一些有宗教情怀的思想家，可能基于宗教情结而对卢梭的思想有所偏爱。而康德的公共性则源自于内在，即人的理性自身，理性的公开运用可以凝结出基本而普遍的法则，从而得以实现人们心目中的"公共正义"。他主张自由地、公开地运用理性，公开地辩论，因此，在这里，个体是有立场的，是充分表达自己的观点的，也是能对政府部门等进行批判和监督的。这和理性的私人运用全然不同，当一个人任职于某一个岗位，接受某种工作指令而诉诸语言或行动时，这只是理性的私人运用，因为个体只是被动地接受任务，而不能发表自己的看法，也不能对自己的工作展开批判。批判性是公共性的一个重要方面。这样，自由地言论、批判，这看起来就是后来哈贝马斯所提出的公共领域的雏形，而哈贝马斯对"交往理性"的探讨，也比较能明显地可以看出和康德"理性的公开运用"思想的某种关联性。

　　当代著名思想家、因《正义论》而蜚声国际的罗尔斯（John Bordley Rawls）

---

　　① 何怀宏：《公共哲学的探索》，载《哲学动态》2005 年第 8 期，第 3 页。

在《政治自由主义》一书中，专门写了《公共理性的理念》一章，其中说道："公共理性是一个民主国家的基本特征。它是公民的理性，是那些共享平等公民身份的人的理性，他们的理性目标是公共善，此乃政治正义观念对社会之基本制度结构的要求所在，也是这些制度所服务的目标和目的所在。"① 罗尔斯在书中还明确提出，康德是"公共理性"概念的始作俑者，是康德最早在回答"何谓启蒙"的文章中、对公共理性和私人理性进行区别时提出来的。众所周知，对公共理性的探讨是罗尔斯思想的重要部分，也是当代欧美学者研究的热点问题之一。从严格的意义上来说，康德所讲的"理性的公开运用"与其说是公共理性，不如说是公共理性的前提和基础，或者是公共理性的前期状态，因为只有个体对理性的自由的、公开的使用，才有可能形成一种基于不同个体基础上的公共意志，形成关于公共生活的理性。但是，罗尔斯毫不吝惜自己对康德的推崇，他认为康德点燃了后人、包括他这样的自由主义者的思想火花，这只能归因于康德的思想魅力太大了。

而汉娜·阿伦特先于罗尔斯就肯定了康德的意义，她认为康德的批判性论述恢复了思考所必需的公共空间，虽然康德主要指的是学者的理性的公开运用，也有一点精英主义立场的意味，但就他"理性的公共运用"这个思想说，它至少是进一步地明确了，康德是意识到公共性的重要意义的。她认为"心智的拓展"在《判断力批判》上扮演了至关重要的角色，"他实际上所做的是，通过话语，将思考过程——这个过程也就是在我的内心之中进行的、我与我自己之间的无声对话——公共化"②，发现这一点正是阿伦特的贡献之一；阿伦特在康德的思想中——特别是他有关"共同感觉"、"可交流性"和"扩展了的思想"等阐述中——发现了康德对于公共生活的辩护。③

---

① 〔美〕罗尔斯：《政治自由主义》，万俊人译，译林出版社 2002 年第 1 版，第 225—226 页。

② 〔美〕汉娜·阿伦特：《康德政治哲学讲稿》，曹明、苏婉儿译，上海人民出版社 2013 年版，第 58 页。

③ 〔美〕汉娜·阿伦特：《康德政治哲学讲稿》，曹明、苏婉儿译，上海人民出版社 2013 年版，第 104—108 页。

第二节　阿伦特的公共性思想

"阿伦特对公共领域的考察，特别是其对沟通行动产生权力的论述，为哈贝马斯提供了重要的理论资源。"[①] 因此，当对哈贝马斯公共性思想进行理论渊源的追溯时，阿伦特是最重要的一个思想家。

汉娜·阿伦特（Hannah Arendt）是犹太裔美籍思想家，也是罕见的女哲学家之一。她出生于思辨的国度——德国，青年时代曾经跟随著名哲学家海德格尔、神学家布尔特曼、哲学家雅思贝尔斯等名师，在哲学、神学的领地里漫游。第二次世界大战期间，因犹太人身份不得不流亡，最终落籍美国，在多所著名大学普林斯顿大学、加州大学、芝加哥大学等进行学术活动或者担任教职。一生的著作主要有：《极权主义的起源》、《人的条件》、《精神生活》、《康德政治哲学讲义》等。她非常关注人的生存空间，其公共性思想主要集中于《人的条件》（The Human Condition）[②] 一书，该书于 1958 年由芝加哥大学出版社出版，其中对人的各种活动进行了分类和阐发，从中自然而然地引出哪一种活动形成了一个向"万人开示的世界"，内在地具有或实现了公共性，同时也认为现代社会中出现了公共性丧失的现象，她的目的是要恢复这种公共性。

一、劳动、工作和行动

阿伦特思想的底色是存在主义，她的方法论和分析框架都有深刻的存在主义烙印。但在她看来，在存在主义的语境中，个体性被强调得淋漓尽致，包括人的原子化存在，公共性在人性中没有位置或者被遗忘了。如果不能充

---

① Benhabib Sevla, 1996: *The reluctant modernism of Hannah Arendt*, Thousandoaks: Sage, P199–203.

② 又译《人之境况》。

分理解个人的公共性存在这个层面，便难以对抗极权主义，这也正是阿伦特转而强调个人之公共存在的原因所在。阿伦特所提出公共哲学或"古典共和主义"，认为可以将人的生活划分为两种："沉思生活"（vita contemplativa）与"积极生活"（vita activa）。沉思生活指的是类似柏拉图所主张的、探求永恒真理的哲学家的生活。Vita Active 在英语中记为 active life，德语记为 tätigen Leben，日语翻译成"活动的生活"，中文翻译为积极生活或能动生活。积极生活主要可以分为三种："劳动"（labour）、"工作"（work）和"行动"（action），这就是阿伦特著名的三分法。

"这三种活动都是极为基本的，因为它们分别对应于拥有生命的世人的三种基本条件。"[1] 这意味着无论哪一种活动都是人的存在不可或缺的，都是人的条件。但是三种活动又是截然不同的，有各自的内涵、特性，而且对人而言其意义和重要性程度是不同的。

"劳动是对应人的肉体的生物学过程的活动"，是人类最基本的生物性的活动，它是对自然采取的行动，不仅包含获取生活资料维系日常生活中人的生命的活动，而且包含生命的延续或类的繁衍，总之目的都是为了满足人的自然的生理需要。因此，阿伦特所理解的劳动是狭义的满足人的生理需要的活动。"劳动不仅确保了单个人的生存，而且维持着整个类的生命的延续"；"可以说，劳动即是人的生命本身"[2]。这种活动的特性就是自然特性，它体现人类和自然最直接的、最紧密的结合。人的生物性需求是本能，是没有办法消除的，因此，人为了满足生存所伴随的自然需求而受到"劳动"的制约，劳动自古以来就被视为苦役，是不得已而为之的活动。阿伦特也提到，马克思对劳动有新阐释——劳动将人从动物界中提升出来，但是阿伦特坚持认为劳动呈现的依然是人的动物本性。

与劳动不同，"工作"是"对应人存在的非自然性的活动"。阿伦特认为，

---

① 〔美〕汉娜·阿伦特：《人的条件》，竺乾威等译，上海人民出版社 1999 年第 1 版，第 1 页。

② 〔美〕汉娜·阿伦特：《人的条件》，竺乾威等译，上海人民出版社 1999 年第 1 版，第 1—2 页。

"工作"也需要改造和利用自然进行生产，但与永无休止的劳动相比，工作还是具有极大的自由的。因为"工作"是人以某种除了满足生理需要的特定目的之外的其他目标而进行的行为，是可以用工匠式的制作活动为象征的"目的－手段"行为，也就是一种具有创造性的主客体活动。从结果上看，工作这种活动创造了一个"人工世界"，以证明人实现了某种目的。但这些人工物品不是用来直接满足人的生理需要的。工作这种活动具有重要的价值和意义，"工作及其人化成果，使短暂徒劳的生命与稍纵即逝的时间得以延续和永存"。① 比如，人们建造了一些建筑，这些建筑矗立在那里，表明人的某种生命意义。工作带有一定程度持久性，延续人的短暂生命，因此，工作不像劳动那样让人将之视为负担，工作自古以来就得到人们很高的评价。工作可以是个体行为，也可以是和其他人合作完成的活动，就后者而言，它就有一定的公共性，但无论是个体工作还是群体工作，都需要借助于工具或手段作用于客体。

"行动"不同于"劳动"和"工作"，它指的是人在关系网络中所进行的行为，且只有在平等、并且相互不同的人之间才得以存在。与劳动、工作不同的是，行动是"唯一不需要通过物质中介的、在人与人之间进行的活动"。因为人一开始就是一种复数性的存在，生活在这个世界上的不是"人"（Man），而是"人们"（men）。人们之间常常需要进行一种达成共识或理解的交往活动。行动可以不需要物质中介，它是人与人之间的直接联系。行动的目的是达成共识，但它的前提是个体的独立性、独特性和多元性。"人们在言行中表明他们是谁、积极地展现其个性，从而使自己出现在人类世界中。"② 和劳动、工作相比较而言，行动没有压迫感，也不会让人感到负累，因此，它对人而言不仅不可或缺，而且是最重要的、最有价值的，它使人成为人。

人类的三种状态都必不可少，阿伦特还进一步阐述了三者之间的关系。

---

① 〔美〕汉娜·阿伦特：《人的条件》，竺乾威等译，上海人民出版社 1999 年第 1 版，第 1—2 页。

② 〔美〕汉娜·阿伦特：《人的条件》，竺乾威等译，上海人民出版社 1999 年第 1 版，第 182 页。

工作高于劳动，劳动和工作为行动主要提供了物质性的前提和基础，但两者都是有局限的，劳动是一种生物性的活动，工作是一种工具性或功利性的活动，两种活动都有某种消极性，因此都不是人们追求的目标。行动是最高层次的活动，它使人成为真正的人。人们要努力摆脱劳动和工作的负累而去行动，这样才能感受到真正的自由和快乐。三种活动相辅相成，任何一种活动过分扩张都会给人类带来灾难，最理想的状态就是三者的和谐。阿伦特的这些思想尤其是对行动的分析饱含了对人类生存状态的美好愿景，同时也暗含着她对自己所处时代公共性缺乏或丧失的批判。

二、三种活动与三个领域

阿伦特指出人的三种不同的活动——劳动、工作和行动，分别对应于三个不同的领域。

劳动是为了维持人的生命以及满足生存和生殖的需要的活动，它形成了人类生存最基本的空间——私人领域，人应当在私人领域——主要是家庭范围内进行自我生命的维持和繁衍。

工作是出于生殖和生存之外的目的而进行的主体对象化活动，人们按照一定的规则、出于一定的目的创造着一个人工世界，形成一个巨大的客体的网络，它所形成的领域就是社会领域，它并非私人领域，因为它远远超出家庭的范围，也非公共领域，因为主导它的实际上就是工具理性，是生理需要之外的各种需要以及欲望的满足，它的目的是通过客体来肯定人自身，不是主体之间的相互肯定。社会领域非常庞大，而且越来越庞大，往往对私人领域和政治领域造成挤压。

阿伦特认为，行动是最具政治性的活动，它形成了一个完全不同的领域——政治领域。"政治领域"（political realm）又可以称之为"公共领域"（public realm）。阿伦特认为工作固然能把人从动物界中提升出来，但人和动物最明显的差别还是在于人与人之间可以通过行动建立起一个公共领域，阿伦特认为"作为规范意义上的范畴，公共领域并不是一个拥有固定边界的实体空间，即一个公共建筑或者公共场所，而是一个能被附加许多外在属性并与具体的实体空间相区别的范畴"①"公共领域作为一个共同的世界，将我们聚集在一起，但却阻止我们彼此争胜。"②"公共领域是为个性而保留的，它是人们能够显示出真我风采以及具有不可替代性的唯一一块地方。"③ 阿伦特指出，政治是一种"教会人们如何达致伟大和辉煌"的艺术和公共领域让人展示真我的风采，是对同一个领域的不同表达。对于人来说，公共领域的生活与私人领域的生活都不可或缺，如果私人领域不存在，人们维持生命的活动也无法成立；但是将公共领域与私人领域混合而谈就会产生严重的问题，因为在公共领域之中，人们向他人展示自己是怎样的存在，私人领域则从根本上剥夺了这一点。

在阿伦特的政治思想中，其"政治"和"公共领域"概念是以古代希腊的都市国家——城邦（polis）中为参照对象而提出的。阿伦特一方面渴望一种类似古希腊城邦有美好公共生活的共同体，另一方面又有将这种公共生活和政治生活画等号的意味。在古希腊城邦中，人们对政治生活和家庭生活，也就是阿伦特视域中的私人领域和公共领域的区分是比较清楚的，它们是互不相容的两个领域。在城邦的政治生活之中，人们通过说服而非暴力进行管理和决策。公共领域与私人领域之间是完全相互排斥的，不存在任何媒介。古希腊城邦开始形成了初步的公共领域的范式。

阿伦特认为在中世纪出现了把"公共领域"等同于"宗教领域"、"世俗领域"等同于"私人领域"的现象。世俗领域完全私人化了，而公共领域本来就是、也只能是世俗世界的公共领域，这样一来，公共领域和私人领域的关系就蜕变成宗教和私人的关系了，古希腊意义上的公共领域显得就彻底消失了。在近代，生产走出了家庭，社会领域蓬勃发展，社会领域作为客体化活动的产物，可以被视为私人领域的向外拓展，"是被扩大了的全体国民的

---

① 王宝霞：《阿伦特的"公共领域"概念及其影响》，载《山东社会科学》2007年第1期。
② 汪晖、陈燕谷：《文化与公共性》，生活·读书·新知三联书店1998年版，第84页。
③ 〔美〕汉娜·阿伦特：《人的条件》，竺乾威等译，上海人民出版社1999年版，第32页。

家。就是说，'社会'是'单一的''超人的家族的复制品，或者在经济上组织起来的众多家族的集合体'"①。特别是工业革命之后，人类可以说进入了以工作为主导的时代，以经济活动为代表的"社会领域"占据主导地位，人的工具化日益明显，人被物的世界所支配，异化的程度日益加深，越来越丧失了人之为人的依据。

而到了现代社会，表征人的本质和实现人的永恒性的政治领域／公共领域逐渐坍塌了。社会领域占据主导地位以后，对于人的现实性的检验标准由原先的"他人的见证"变成了"公众的赞赏"。"公众赞赏"和用金钱衡量本质上已经没有区别了，甚至公众赞赏和金钱是等同的，是可以相互置换的。公众的赞赏像一件消费品一样可以被人们购买和使用。如果说食物满足了人的食欲，公共的赞赏就满足了个体的虚荣心，彰显着他的身份和地位。公共领域人们之间是要达成共识的，而如今检验的标准变成了公众是否赞赏，这就是公共领域的异化。"他人的见证"是具有独立性的个人发表的真正的意见，"公众的赞赏"则是一种奉承和附和，人云亦云，亦步亦趋，政治蜕变成经济利益的工具，真正的公共领域萎缩甚至消失。形式上是公共的极权主义乘虚而入，填补公众的公共生活空白，实际上却是彻底的摧毁。由此，阿伦特也表达了复兴或重建公共领域、改变现有社会秩序的理想。

三、公共领域与公共性

阿伦特指出，在前述三个领域中，唯有"公共领域"才可能具有最广泛的公共性。

"公共性"首先意味着公开性，用阿伦特的表述就是，"公共性"意味着可见性／公开性（visibility），"凡出现于公共场合的东西都能够为每个人所看

---

① 〔日〕川崎修、阿伦特：《公共性的复权》，斯日译，河北教育出版社 2002 年第 1 版，第 260 页。

见和听见，具有最广泛的公开性"①，没有公开性这一本质特征的公共领域是不可思议的。"露面 / 呈现 / 表象"（appearance）非常重要，不在场或者是在场但不呈现，比如我们的丰富内心世界、经验世界如果不呈现给他人就没有公共性。内心领域是"完全的私人化的"，是具有绝对性的私人领域，不能够为他人所看见和听见。"呈现"或"露面"，即"他人"的在场与见证（看见我、听见我等），保证了公共性，也保证了一个人的"现实性"。阿伦特指出，"对我们来说，表象——即不仅为我们自己，也为其他人所看见和听见的东西——构成了现实"；"能够看见我们所看见的东西、听见我们所听见的东西的人的在场向我们保证了世界和我们自己的现实性；与这种来自被看到和被听到的实在相比，即使亲密的最大力量——心灵的激情、精神的思想、感性的愉悦——造成的也是不确定的、阴影般的存在，除非它们被转化成一种适合于公共显现的形式，也就是去私人化（deprivatized）和去个人化（deindividualized）。"②

公共领域具有平等性。"如果人们不平等，他们就不能相互理解。……假如人们没有差别，每个人与现在、过去或未来的人无所区分，他们也就根本无须言说或行动以使别人理解他们自身。"③人是平等的，这样人与人之间才能进行交流和理解，这是公共领域形成的重要条件之一。这种平等不是绝对平等，而是有差别的平等，如果无差别，所有人都整齐划一，人为什么还需要沟通交流呢？其实就不需要、也无所谓相互理解了。

公共领域具有多元性。阿伦特非常强调这一点，整齐划一、完全同一无法形成公共领域。如果公众发出的声音只有一个，不需要语言沟通，不需要理解和认同，也就不需要公共领域。就像自然界之中生物的多样性一样，公众处在世界中的不同位置，自然而然具有多元性，需要理解和共识，这样公共领域才有存在的意义和价值。阿伦特说："尽管公共世界乃是一切人的共同

① 汪晖、陈燕谷：《文化与公共性》，生活·读书·新知三联书店1998年版，第81页。
② 汪晖、陈燕谷：《文化与公共性》，生活·读书·新知三联书店1998年版，第81页。
③〔美〕汉娜·阿伦特：《人的条件》，竺乾威等译，上海人民出版社1999年版，第38页。

会聚之所，但那些在场的人却是处在不同的位置上的，一个人所处的位置不可能与另一个人所处的位置正好一样……被他人看见和听见的意义在于，每个人都是站在不同的位置上来看和听的。这就是公共生活的意义；事物必须能够被许多人从不同的方面来看，与此同时又并不改变其同一性，这样才能使所有集合在它们周围的人明白，他们从绝对的多样性中看见了同一性，也只有这样，世俗的现实才能真实地、可靠地出新。"①

所以在公共领域中，各个人的视点和位置是不同的，这就是公共领域的现实性，"公共领域的实在性则要依赖于共同世界借以呈现自身的无数视点和维度的同时在场，而对于这些视点和维度，人们是不可能设计出一套共同的测量方法或公分母的"；"当公共世界只能从一个方面被看见，只能从一个视点呈现出来时，它的末日也就到来了。"②

与多元性密不可分的是不可化约的差异性，这一特点甚至更为重要。在行动中，人们表明他们是谁，积极展现他们独一无二的个性，这是人类公共生活最有生命力之处。公共领域不消除个性、独立性。阿伦特类比道，"公共"就"像一张桌子放在那些坐在它周围的人群之中一样"③。这是阿伦特经典的"桌子"比喻。意思就是：世界就像一张桌子，既把人们联系起来，又把人们区别开来，每个人可以如此地不同，公共世界是一个让人聚集在一起的地方，但不是让人变得无差别的地方。公众个体的丰富性、多样性是公共领域的必要前提，因此，消除个性、差异性实际上也就是消灭了公共领域。

阿伦特把对于永恒的信念看作是公共领域存在的重要标志。她说，"共同的世界乃是我们出生的时候进入、死亡的时候离开的世界。它超越了我们的生命大限，而进入过去和未来；我们来到这个世界之前，它就已经在那里了，在我们的短暂逗留之后，它仍将继续存在。它不仅是我们与跟我们生活在一起的人共有的世界，而且也是我们与我们的先辈和后代共有的世界。一代一

---

① 汪晖、陈燕谷：《文化与公共性》，生活·读书·新知三联书店 1998 年版，第 88 页。

② 汪晖、陈燕谷：《文化与公共性》，生活·读书·新知三联书店 1998 年版，第 89 页。

③ 〔美〕汉娜·阿伦特：《人的条件》，竺乾威等译，上海人民出版社 1999 年版，第 40 页。

代的人来去匆匆，而这个共同的世界则长存不没，不过，它是在具备了公共性之后，才能够如此。正是公共领域的公共性才能够吸纳人们想从时间的自然废墟中拯救出来的任何东西，并使之历经数百年而依然光辉照人"。

阿伦特对此非常感慨，人生是短暂的，代代传承，公共领域和人生相比是永恒存在的，它是有限的人对无限的渴望、对永生的本真关怀的表征。因此，阿伦特毫不掩饰她对现代公共领域丧失的失落感，"在现代，公共领域丧失的最明确证据莫过于人们几乎彻底丧失了对永生的本真关怀，与此同时，对永恒的形而上关怀也已经彻底丧失了，而且前一种丧失在一定程度上被后一种丧失掩盖了"①。

---

① 汪晖、陈燕谷：《文化与公共性》，生活·读书·新知三联书店 1998 年版，第 70 页。

第二章　哈贝马斯的公共性思想：
以"公共领域"为中心

阿伦特基于独特的人生经历和深刻的时代感悟提出了自己的公共性理论，尤其是首次提出了"公共领域"的概念范畴，构建了以公共领域为范式的理论解释系统。她的公共领域、公共性思想中的一些重要元素以及分析思路，被哈贝马斯所继承和阐发。哈贝马斯的公共性思想有前期、后期之分。他前期的公共性思想集中表现为对"公共领域"较为系统全面的理解，凝结于《公共领域的结构转型》（1962 年出版，1990 年再版）一书中。本章将围绕《公共领域的结构转型》这一文本，反思哈贝马斯"公共领域"理论的致思理路，包括公共领域的概念、公共领域和公共性、公共领域与市民社会、公共领域的类型、结构功能、历史衍化等基本问题，从而得以整体把握哈贝马斯前期的公共性思想。

第一节　公共性与公共领域

哈贝马斯所探讨的公共领域（public sphere）范畴与他对公共性（publicity）

的关注密切相关。那么，哈贝马斯所谈的公共领域指的是什么？公共性指的又是什么？两者之间的关系是如何的呢？

在《公共领域的结构转型》中，哈贝马斯承认，"公共"概念的意思一直并不明确，它在不同的时代被人们用不同的词语来代替。"在英国，从 17 世纪中叶开始使用'公共'（Public）一词，但到当时为止，常用来代替'公共'的一般是'世界'或'人类'。同样，法语中的'公共'（Le Public）一词最早也是用来描绘格林字典中所说的'公众'，而'公众'一词是 18 世纪在德国开始出现，并从柏林传播开来的；到这个时候为止，人们一般都说'阅读世界'，或干脆就叫世界（今天来看就是指全世界）。"[①] 这一小段概念梳理表明，"公共"这个词本身是一个十分含混的用词，在不同时代、不同国度意指不同，呈现出一个跨度，它有时指"世界"、"全人类"，有时指"公众"，后者的范围显然很笼统。

与此相应，"公共性"也显然很难界定清楚，而且它非常抽象，如此"形而上"的范畴，必须借助于一个相对"形而下"的"公共领域"才比较容易让人理解。《公共领域的结构转型》首先以德文的版本问世，"公共领域"的德文是 Offentlichkeit，后来英语世界翻译该书，将 Offentlichkeit 翻译为"Public sphere"，中国学者则采用了"公共领域"的译法。从原初的 Offentlichkeit 来看，它具有非常宽泛的内涵："一方面，它有一种开放空间的概念，代表着一种社会的空间意义，而在此空间之中，意见可以被诉说、散布及彼此协商……除了空间的概念之外，这个词也表现出一个公共群体一起建构出一种公共的概念，以及某种大家皆可以接受的准则来进行非常开放的讨论，以此种方式来构成大家都能认同、产生共识的一种公共性。"[②] 从这段表述来看，Offentlichkeit 一方面可以被理解为更多地侧重物理意义上的公共空间；同时，它还是一个非常抽象的公共概念，是公共群体能形成共识的原则或价值目标等，这个词本身是"形而上"和"形而下"内涵的统一。

---

① 〔德〕哈贝马斯：《公共领域的结构转型》，曹卫东等译，学林出版社 1999 年第 1 版，第 24 页。

② 王江涛：《哈贝马斯公共领域思想研究》，华东师范大学 2009 年博士论文，第 21 页。

　　借助这个德语词汇，我们来重新检视"公共领域"和"公共性"的关系，公共性是公共领域的抽象化、原则化，公共性的具体化就是公共领域。从这种关系来理解公共领域，就要认识到：公共性表现为公共领域，或者说公共领域是公共性的表现。这个表述让人误认为哈贝马斯笼统地主张公共性就是公共领域，实则不然，公共性与公共领域并不完全等同。公共领域只是公共性的实践场域，公共性是它的一种最基本的属性或者是原则，由于公共性非常抽象，因此可以借助它的实践场域去理解，人们完全可以从现实场域中感知公共性。

　　哈贝马斯这样给公共领域做出界定："所谓'公共领域'，我们首先意指我们生活的一个领域，在这个领域中，像公共意见这样的事物能够生成。公共领域原则上向所有公民开放。公共领域的一部分由各种对话构成，在这些对话中，作为私人的人们来到一起，形成公众。那时，他们既不是作为商业或专门人士来处理私人行为，也不是作为合法团体接受国家官僚机构的法律规章的规约。当他们在非强制的情况下处理普遍利益问题时，公民们作为一个群体来行动；因此，这种行动具有这样的保障，即他们可以自由地集合和组合，可以自由地表达和公开他们的意见。当这个公众达到较大规模时，这种交往需要一定的传播和影响的手段；今天，报纸和期刊、广播和电视就是这种公共领域的媒介。"[1]

　　哈贝马斯所说的公共领域的主体是公众，而公众本身首先都具有私人的身份。但这不能认为公共领域就与私人领域混同，公共领域和私人领域是相对立的，公共领域主要指人们之间思想交流的领域，它是与私人领域截然不同的现实场域。它是公开的，是向所有人敞开的，也就是说，所有人都可以进入而不被排斥于外，所有拥有公民身份的人都可以在其中进行交流，私人领域则不具有这样的特征。来自私人领域的公众，就"公共利益"或"公共价值"问题发表意见，以维护"公共利益"或"公共价值"为目的的交流，最终生成"公共意见"，公共领域规模增大，就需要公共媒介。可见，公众、公共媒介、公共利益、公共价值、公共意见等是哈贝马斯所理解的"公共领域"

---

　　[1]　汪晖、陈燕谷：《文化与公共性》，生活·读书·新知三联书店1998年版，第125页。

不可或缺的一些方面，这一阐发比阿伦特的"公共领域"概念明晰、准确多了。

公共性和公共领域是抽象和具象的关系，那么，是否可以依此推论出公共领域才具有公共性呢？其实不然，从哈贝马斯的经典著作来看，应该说公共性作为一种属性或原则，还体现在另外一个重要的领域中，即公权领域。哈贝马斯表述道，国家工作人员本身就是一些公共的人，他们所担任的就是公共职务，从理论上来说，政府工作人员不能以私人的身份，以实现私人利益为工作目标，他们执行的公务也是公开的，所处理的问题是关系到所有人的，政府办公场所和政府机关也是公共的，这是现代意义上的一种公共性，具体体现为公共权力领域。哈贝马斯曾提及，对于现代资本主义社会，"公共性成为国家机构本身的组织原则"①；作为对一种历史现象的抽象和概括，国家、更确切地说政府是"公共权力机关"，公共性之所以成为其组织原则，是因为它承担着为全体公民谋福利这样的重要使命。可见，公权领域也具有公共性的，因为公共权力运行的领域毋庸置疑地直接关涉全体公民的公共利益。

哈贝马斯这样的处理方式，实际上是把阿伦特所说的"公共领域"一分为二了。阿伦特认为，政治领域就是公共领域，公共领域就是政治领域，这实际上消融了公共领域和政治领域、更确切地说是公权领域的区别。政治变成了一种人们相互交流的实践，公共权力如法庭、军队、警察等强制性的层面被忽视了，公共权力领域行动的有效性依赖于一种暴力强制的力量，这和公共领域平等地、非强制性地达成共识是不同的。

所以，"公共性"这个范畴的外延比较宽泛。从理论上说，公开的就是具有公共性的，只不过公共性实现的程度不同罢了。市场在一定意义上或者说从经验的角度上看也有公共性。因为商品显然是公开的，人们可以对之品头论足，部分的商品买卖行为也是公开的，人们同样可以进行评价。但是从本质上来讲，商品不是无排他性的，一个人购买了它，就不能再卖给另一个人，不能被公共使用，交易行为人的身份是私有者（私人），交易的目的是为了获

---

① 〔德〕哈贝马斯：《公共领域的结构转型》，曹卫东等译，学林出版社 1999 年第 1 版，第 93 页。

得私人利益，因此，经济领域本质上属于"私人领域"。

虽然公权领域也具有公共性，但相比较而言，公共领域才具有最彻底的、最值得追求的公共性，因为公共决策显然不能由所有人共同作出。公共领域则是所有人可以自由进入，"本来意义上的公共性是一种民主原则，这倒不是因为有了公共性，每个人一般都能有平等的机会表达其个人倾向、愿望和信念——即意见；只有当这些个人意见通过公众批判而变成公众舆论时，公共性才能实现。"① 换言之，当人们对公共生活表达自己的意见、形成公共舆论和公共意见时，所谓公共性就开始呈现了出来。哈贝马斯想通过公共领域追求一种理想的、真正的公共性，或可称为批判的公共性。政府是在公意基础上满足公共需要、提供公共产品的政治共同体，公共性是政府的最高本质，决定它的合法性生存；民众的话语、意见就可以监督、限制、检视公共权力，这样，政府的公共性才能保持。"这种公共性一度是在与君主的秘密政治的斗争中获得的，自那以后，这种公共性使得公众能够对国家活动实施民主控制。"② 恢复和彰显此种公共性，是当今公共生活的内在要求。

因而，公共性不仅是公共领域、公权领域的属性或原则，还是其价值旨归，这两个领域的价值目标都应该是对公共性的高扬与彰显。在公权领域，当权力被滥用时，权力被集中在某个人或某个集团手里，这个领域的公共性就很容易丧失。相比较而言，公共领域所追求的公共性才是真正的公共性，公共性是公共领域想要建构的方向，是一种价值目标，是一种价值追求。公共性是公共领域的精神内核、价值规范。

诚然，哈贝马斯没有在《公共领域的结构转型》中直截了当地阐述上述思想，但是经过分析，不难发现在哈贝马斯的语境中，公共性是一个比公共领域涵盖更广的概念，它是基于公共领域、公权领域、公共理性、公共利益、公共价值等方面的哲学抽象。理解这一点，就不会将公共性和公共领域等同起来。

---

① 〔德〕哈贝马斯：《公共领域的结构转型》，曹卫东等译，学林出版社1999年第1版，第252页。

② 汪晖、陈燕谷：《文化与公共性》，生活·读书·新知三联书店1998年版，第126页。

第二节　公共领域与市民社会

　　"我们认为，'资产阶级公共领域'是一个具有划时代意义的范畴，不能把它和源自欧洲中世纪的'市民社会'的独特发展历史隔离开来，使之成为一种理想类型，随意应用到具有相似形态的历史语境当中。"① 哈贝马斯的基本观点是，公共领域和市民社会是无法隔离的，那么，市民社会与公共领域究竟是一种怎么样的关系呢？理解哈贝马斯的公共领域思想，显然无法回避这一问题。

　　市民社会这一范畴是学界的焦点，它译自"civil society"一词。国内学界对它的理解差异首先体现在对它的翻译上，它有三种不同的表达法，即"市民社会"、"公民社会"以及鲜为人知的"民间社会"。公民社会的译法强调公民对政治生活的参与和对国家权力的制约；民间社会是台湾学者的译法，有人批评这种译法有自我边缘化的意味；市民社会是经典译法，在马克思主义经典著作中有其特定含义，往往等同于资产阶级社会，而不是哈贝马斯等人所理解的市民社会，但是不可否认，这种译法已经成为一种惯用法而为学界所接受。关于市民社会的真正含义，学者们更是众说纷纭，莫衷一是，其中也包括有人将市民社会等同于公共领域这一理解。

　　就哈贝马斯而言，公共领域和市民社会的关系之所以模糊不清，是因为"公共"一词"源自不同的历史阶段，在一同运用到建立在工业进步和社会福利国家基础之上的市民社会关系当中时，相互之间的联系变得模糊起来。"② 尽管在行文中多次将"市民社会"与"公共领域"并提，但他归根结底认为"公共领域"这个概念还是与"市民社会"有着显著的不同。在他看来，市民社会至少有广义和狭义两种用法。广义的市民社会总的说来就是与公共权力

---

　　① 〔德〕哈贝马斯：《公共领域的结构转型》，曹卫东等译，学林出版社1999年第1版，初版序言，第1页。

　　② 〔德〕哈贝马斯：《公共领域的结构转型》，曹卫东等译，学林出版社1999年第1版，第1页。

机关或政府（government）相对立的社会，或者说除了国家机关之外的都属于
市民社会，也就是"国家—社会"二元结构基础上的市民社会。狭义的市民
社会指的是商品生产和交换的经济活动的领域，活动的主体是市民，市民能够
自主地从事经济活动和追求特殊的私人利益。这个狭义的市民社会显然是属于
私人领域的。公共领域是典型的非政府层面的领域，活动的主体兼具市民身份
和公众身份，作为公众，他们具有公共意识和公共关怀，对公权领域进行监督
和批判。

　　二者尽管不是一回事，却是密切相关的，其关联性在于：现代市民社
会和公共领域都是近代社会的产物，从时间顺序上看，市民社会先于公共领
域出现，更重要的是，没有现代市民社会的发达就不会有现代公共领域的产
生；没有市民社会的发展壮大，公共领域就没有成长起来的土壤，就缺乏强
有力的支撑。因为"资产阶级公共领域首先可以理解为一个由私人集合而成
的公众的领域；但私人随即就要求这一受上层控制的公共领域反对公共权力
机关自身，以便就基本上已经属于私人，但仍然具有公共性质的商品交换和
社会劳动领域中的一般交换规则等问题同公共权力机关展开讨论。"[1]

　　这样一来，公共领域就是介于公权领域和私人领域（包括市民社会）之
间的中间地带，承担着独特的政治功能。在公共领域中，公众在沟通交流和
批判反思的基础上达成理性的政治舆论、公众意见，"产生一种从利益普遍化
的角度出发得到了检验、赋予政治决策以合法性的信念"[2]，凝聚为合法的政治
意志和政治意识。公共领域是市民社会发展到一定阶段的产物，具有显著的
社会历史性。如果对市民社会的历史发展没有足够的认知，就无法理解公共
领域是如何出现的，也无法理解它如何发展出自身的功能。"公共领域在 18
世纪承担起了政治功能，但是只有从整个市民社会的历史发展这样一个特殊
阶段才能理解这种功能。在市民社会里，商品交换和社会劳动基本上从政府

---

① 〔德〕哈贝马斯：《公共领域的结构转型》，曹卫东等译，学林出版社 1999 年第 1 版，
第 32 页。

② 〔德〕哈贝马斯：《在事实与规范之间——关于法律和民主法治国的商谈理论》，童世
骏译，生活·读书·新知三联书店 2003 年第 1 版，第 459 页。

指令下解放了出来。这种解放过程一时所实现的是政治制度，因此，公共领域在政治领域占据了中心地位也就并非偶然。"①

公共领域有自己的独立性，唯其如此，公共领域才能对市民社会发挥自身的反作用："公共领域将经济市民变为国家公民，均衡了他们的利益，使他们的利益获得普遍有效性，于是，国家消解成为社会自我组织的媒介。"②哈贝马斯的意思是，公共领域使得市民阶级发生着变化，"具有政治功能的公共领域获得了市民社会自我调节机制的规范地位，并且具有一种适合市民社会需要的国家权力机关。对于这种'成熟的'资产阶级公共领域来说，其社会前提条件在于市场不断获得自由，尽力使社会再生产领域的交换成为私人相互之间的事物，最终实现市民社会的私人化。"③换言之，成熟的公共领域是市民社会的独立性和自主性的重要保障。由于公共领域居于其中，市民社会和国家二者之间才可以建立良性的互动关系。

第三节　公共领域及其功能

从前文的分析中，已经可以推断，在哈贝马斯的视界中，公共领域是具有自身独立性的领域，有明确意指。那么，公共领域到底指什么？它的边界又在何处呢？

在哈贝马斯看来，首先，公共领域不同于私人领域"我们称市场领域为私人领域；称作为私人领域核心的家庭领域为私有领域。私有领域自以为独

---

① 〔德〕哈贝马斯：《公共领域的结构转型》，曹卫东等译，学林出版社 1999 年第 1 版，第 84 页。

② 〔德〕哈贝马斯：《公共领域的结构转型》，曹卫东等译，学林出版社 1999 年第 1 版，1990 年版序言，第 11 页。

③ 〔德〕哈贝马斯：《公共领域的结构转型》，曹卫东等译，学林出版社 1999 年第 1 版，第 84 页。

立于私人领域之外，事实上它深深地被卷到了市场需求当中。"①私人领域具有排斥性，不能随便进入。私人领域涵盖了市场领域（狭义的市民社会）、私有领域（家庭）以及内心领域（绝对意义上的"私域"），换言之，私人领域是指私人进行纯粹的经济交往关系和家庭构成的领域，以及最具有封闭性的、最隐秘的内心领域，是市民社会、家庭和个人内心领域的总和，用公式来表示，即：

私人领域 = 内心领域 + 家庭 + 市民社会

阿伦特的三大领域——私人领域、社会领域和公共领域的划分，在哈贝马斯这里蜕变成了：私人领域、公共领域和公权领域。

哈贝马斯认为公共领域和私人领域相对立。本人认为，两者的相互依存也是非常明显的。一方面，私人领域有很大的局限性。在这一点上，哈贝马斯非常赞同阿伦特的看法，阿伦特认为，私人生活的核心是私人财产。一个人如果只生活在家庭中，没有离开过他的私人家园，那么私人也就不能呈现自身，他的所作所为对别人来说没有什么意义和影响，他认为非常重要的东西对别人而言不值一提，实际上他的存在和不存在没有什么不同，因此，如果仅有私人领域，或者说彻底的私人生活意味着缺乏对人而言真正本质性的东西。在这个意义上，公共领域比私人领域更丰富，对人而言更有意义。人如果只有私人性，没有公共性，就不是完整意义上的人；人类社会如果只有私人领域，没有公共领域，也不是完成意义上的人类社会。私人领域是公共领域的前提和条件，公共领域的主体首先是私人，获得了一定程度的私人利益的满足，才会超出私人活动，变成公众。

公共领域又是一个不同于公权领域的概念，它和公权领域之间也能划出清晰的界限。公共领域独立于国家政治权力。它本身是没有权力的，也无法进行权力的调度，维持权力的运转；它只能对国家公共权力发表公共意见，但它在反抗公共权力机关的干扰时比个人活动更有力量。它"是在国家和社会间的张力场中发展起来的"，是一个不同于"政治国家"和"市民社会"的

---

① 〔德〕哈贝马斯：《公共领域的结构转型》，曹卫东等译，学林出版社 1999 年第 1 版，第 59 页。

空间。①公共领域所处的位置是明确的，就是在私人领域和公共权力之间，它一头连接着家庭等私人领域（包括市民社会），又追求公共事务，批判公共权力的运行，这又连接着公权领域（国家）。作为中间地带，它使私人领域和政治国家之间保持着适度的张力，也使二者之间有一个矛盾冲突缓冲地带、意见信息传导地带。

公共领域显然具有自身的内在结构，由参与者、中介、目标等构成。至于其中必备的要素，哈贝马斯认为："公共领域最好被描述为一个关于内容、观点、也就是意见的交往网络；在那里，交往之流被以一种特定方式加以过滤和综合，从而成为根据特定议题集束而成的公共意见或舆论。""这个空间原则上是一直向在场的谈话伙伴或有可能加入的谈话伙伴开放的。也就是说，要阻止第三者加入这种用语言构成的空间的话，是需要采取特别预防措施的"，"公共领域与这种亲身到场的联系越松，公共领域越是扩展到散布各处的读者、听众或者观众的通过传媒中介的虚拟性在场，把简单互动的空间结构扩展为公共领域的过程所包含的那种抽象化，就越是明显。"②"公共性不仅体现在学界当中，而且也体现在所有善于运用理性者的公开使用过程当中"③，公众通过运用理性，想让统治遵从"理性"标准和"法律"形式，以此来实现彻底变革。

从上述表述分析出来的要素包括：公众、对话、平等、理性等。哈贝马斯认为公共领域必须坚持"普遍准入性"原则，实际上也就是"平等原则"，"资产阶级公共领域的成败始终都离不开普遍开放原则。把某个特殊集团完全排除在外的公共领域不仅是不完整的，而且根本就不算是公共领域。"④也就是

---

① 〔德〕哈贝马斯：《公共领域的结构转型》，曹卫东等译，学林出版社 1999 年第 1 版，第 170 页。

② 〔德〕哈贝马斯：《在事实与规范之间——关于法律和民主法治国的商谈理论》，童世骏译，生活·读书·新知三联书店 2003 年第 1 版，第 446—447 页。

③ 〔德〕哈贝马斯：《公共领域的结构转型》，曹卫东等译，学林出版社 1999 年第 1 版，第 123 页。

④ 〔德〕哈贝马斯：《公共领域的结构转型》，曹卫东等译，学林出版社 1999 年第 1 版，第 94 页。

说，公共领域向所有人敞开，保证每个人的自由流动，每个公众都是平等的，都有资格进入到公共领域之中，自由发表意见和观点，基于理性精神，公开对话、讨论和辩论，不能人为地设置门槛、限制或障碍，既不能因为某些人或某些集团的经济状况、教育水平或社会地位低而将之拒之门外，也不能因为某人或某组织的条件优越、在社会中居于支配的地位等而不予接纳。

哈贝马斯上述关于公共领域及其要素的理解，和卢梭的思想有一脉相承之处，但又有很大的推进。众所周知，卢梭试图通过"公意"来论证民主的根基和内核，哈贝马斯领悟到这一点，但又觉得"公意"的内在机制还处在一种模糊状态，卢梭并没有令人折服地说明"公意"的达成或形成到底是怎样的一个过程，这是"公意"思想的薄弱之处、不足之处，刚好成为哈贝马斯公共领域思想的发力点。哈贝马斯试图去克服"公意"的这种局限性，他认为，"公意"就是公共意见，公共意见的形成是多元主体基于交往理性，通过言谈为中介的交往形式才能得到确保。公共领域就是商谈的场所，虽然这个场所不一定是物理空间意义上的。这么一来，卢梭所说的主权在民就不只是一种规范性表达而已，交往行动者的言谈和商议可以加以程序化，使之蜕变成一种法定的程序，"公意"的机理就呈现于眼前，民主不是抽象的，不是思想家一厢情愿的愿景，不是一种空中楼阁，而是实践性的，换言之，这种民主是具有可操作性的，这就是哈贝马斯极力倡导的协商式民主或者商议政治。

对于公共领域的类型，哈贝马斯在《公共领域的结构转型》中从发生学的视角重点阐述过两种：一种是文学公共领域，另一种是政治公共领域。当然，这里指的是资产阶级公共领域或者是现代公共领域的分类。所谓文学公共领域，就是在工作之余的公众，出于对文学共同的兴趣和热爱，聚集在咖啡馆、沙龙以及宴会等公共空间，畅谈文学艺术，展开文学批评。这些积极的探讨和辩论开始是纯文学的，不具有政治的意味，但它尤其是其中的文艺批评或文学批判不知不觉之中高扬了公众的主体性、孕育了批判意识，也就是说，公众的批判能力恰恰是在文学公共领域中锻炼出来的。当人们的关注点从文学转向政治，政治公共领域就随之出现了，而这是必然的，因为政治议题关涉公共利益，更能激发公众的兴趣，因此，公共领域的功能转换势在必行，政治公共领域就是侧重于对公共权力的批判。所以，哈贝马斯并非在严格意义上给公共领域分类，他只是出于功能比较的目的探讨了公共领域的两种历史类型。

可见，从公共领域的两种历史类型的关系中，哈贝马斯明显地强调了政治公共领域的批判功能。哈贝马斯"主张要有开放的公共领域，公民在公共领域中能够辩论、批评并产生公共倡议"①。公共意见，按其理想，"只有在从事理性的讨论的公众存在的条件下才能形成。这种公共讨论被体制化地保护，并把公共权力的实践作为其批评主题"②。公共领域是带有显著的批判功能的，或者说它以批判性为特征。它是基于理性的认知和交流的，它所借助的工具往往是公共媒体，通过批判，实际上对公权领域形成了监督、限制和检视，从而保障或实现了公共性。公众主要以国家权力为核心的社会公共权力为批判对象，批判性就是政治公共领域的灵魂，是其意义所在。公众的各自观点、意见能否形成公共舆论，能否交汇、凝结，其标准在于批判性是否合理，批判的深度和广度如何。依此标准，哈贝马斯认为在欧洲，更确切地说在 18 世纪的法国，各种自由表达"才被公共领域中的批判讨论提炼成一种真正的舆论"③，也就是说才出现真正意义上的公共舆论。

因此，公共领域有较为明晰的边际划界。它既不同于国家权力领域，也不同于市民社会；它是有其特定的公共性本质的社会存在以及反映该种社会存在的理念形态。但是，需要注意的是，即使从理念上、从描述性层面上，我们可以把握公共领域的边际划界，但是这并不是说公共领域就是一个既定的实体性存在，它不是一个有固定成员的一个社会组织或者说社会结构。它的边际划界是一个理论意义上的划界，因为公共领域是开放的、变化的，它的界域并不是固定的。

---

①　王远河、金慧：《欧盟民主：哈贝马斯民主理论的分析视角》，载《齐鲁学刊》2011年第 5 期。

②　汪晖、陈燕谷：《文化与公共性》，生活·读书·新知三联书店 1998 年版，第 126 页。

③　〔德〕哈贝马斯：《公共领域的结构转型》，曹卫东等译，学林出版社 1999 年第 1 版，第 113 页。

第四节 公共领域的历史演变

哈贝马斯公共性的致思理路深受阿伦特影响，在公共领域的历史演变方面表现得也很明显。阿伦特以古希腊城邦的政治生活经验来界定和探讨早期的公共领域，一直到表达了对现代公共性的忧思，展望了她的公共性理想。哈贝马斯对公共领域的历史追溯也以古希腊为起点，以他所处时代的公共性危机为终点，他站在历史的角度，沿着历史的纵坐标，对于各种依照历史时序出场的公共领域进行了描述与分析，继承并发扬了阿伦特的解释框架。

哈贝马斯认为，在古希腊、罗马社会，私人领域和公共领域的划分已经出现，公共领域就初具雏形。例如柏拉图和亚里士多德讨论的公共生活的实体就是城邦，古希腊城邦有公共生活，主要是在广场上进行，实际上就是有一个物理性的公共空间，但这不是关键，关键在于进入这个公共空间的人采用对话或者辩论的方式交流，目的是就公共事务达成共识。阿伦特公共性思想中较为突出的一点是，她将遥远的古希腊城邦视为公共领域的典范，有不少学者也将古希腊城邦生活视为理想生活而高度肯定。哈贝马斯在这一点上却持保留意见。

古希腊城邦真的如许多学者大加赞美的那样、拥有完美的公共生活吗？哈贝马斯认为，这其中恐怕附加了诸多想象的成分。城邦中的公共空间就是公共领域的简易形态，它不能算是完美的公共领域，只是不完全的、有限的公共领域。因为城邦中的自由民（不包括奴隶和妇女，更排斥外邦人）所共有的公共领域和每个人所特有的私人领域之间泾渭分明。换言之，古希腊时公共领域的准入权仅限于占人口很少一部分的具有公民资格者，所谓公民是而且仅仅是城邦的公民，更确切的说法是城民或市民（citizen）。能进入到公共生活中的人，首先肯定不可能是奴隶。除了奴隶，女人也被排除在外。奴隶与女人都被视为家庭的附属物，是属于私人领域的。即使是男性公民，在年龄上也需要符合一定的条件，即年满 20 周岁，才被认可为公民，从此进入城邦，将家庭完全留给奴隶和女人；20 岁以下者同样只是从属于家庭这一私人领域。城邦公共生活具有排他性，所以古希腊城邦生活所体现的公共性是有限度的。

到了中世纪末期，西欧进入到封建社会，出现了不同于古希腊时期的特殊的公共领域。哈贝马斯称之为"代表型公共领域"，它产生于中世纪，延续到 18 世纪，即资产阶级公共领域形成之前。欧洲封建社会的经济组织主要是庄园制经济，封建领主拥有庄园的所有权，公共领域与私人领域是混合在一起的，并不具有私人占有和公共主权的矛盾，公共性等同于"所有权"。封建社会劳动经济组织使领主的家庭成为一切所有制关系的核心，封建领主掌握公共权力，主导了社会的公共生活。严格地说，这和哈贝马斯后来对公共领域的阐述格格不入，它的实质是所有权、特权的公开化。因此哈贝马斯也评价说："从社会学来看，也就是说，作为制度范畴，公共领域作为一个和私人领域相分离的特殊领域，在中世纪中期的封建社会中是不存在的"，"封建领主的地位，不管处于哪个级别，都和'公'、'私'等范畴保持中立关系；但占据这一地位的人则把它公开化，使之成为某些特权的体现。"[1]

代表型公共领域只存在于包括国王或君主、封建领主、贵族等上层阶层中，他们权力的象征物以一种礼仪性的方式在公众面前展示，"代表型公共领域的出现和发展与个人的一些特殊标志是密切相关的：如权力象征物（徽章、武器）、生活习性（衣着、发型）、行为举止（问候形式、手势）以及修辞方式（称呼形式、整个正规用语），一言以蔽之，一整套关于'高贵'行为的繁文缛节。"[2] 这些东西被精心设计，具有规范化的程序和强烈的仪式感，代表国家，代表公共权力，仿佛具有了公共性。教会就是一种典型的代表型公共领域，它经过长期的宗教实践，整合出一整套的宗教仪式，主导了人们的公共生活，"时至今日，代表型公共领域依然保留在教会的宗教仪式，如礼拜仪式、弥撒、宗教仪式的行列等里面。有句名言说得好，英国的上院、普鲁士

---

① 〔德〕哈贝马斯：《公共领域的结构转型》，曹卫东等译，学林出版社 1999 年第 1 版，第 6—7 页。

② 〔德〕哈贝马斯：《公共领域的结构转型》，曹卫东等译，学林出版社 1999 年第 1 版，第 7 页。

的总参谋部、法兰西学院以及罗马的梵蒂冈等是最后的代表物；最终只有教会坚持了下来。"①上层人士都必须遵守这些行为的规范，他们特有的行为规范等也为下层人群所模仿，在一定程度上具有公共性，这里的公共性是指所有权要有一种公开的代表形式，但这纯粹是一种较高的地位和身份的象征。代表型公共领域不是公众交流、讨论、达成共识而形成，而是依靠权威或者家族遗传形成的，实际上并没有代表民众，公众没有进行公共讨论，对于下层民众来说，公共领域对他们是封闭的，他们是被排斥在外的，公共性实现的程度甚至还比不上古希腊、罗马时期。

"代表型公共领域"在历史上占据了漫长的时间阶段，而后日渐萎缩，资产阶级公共领域才得以出现。哈贝马斯主要立足于18、19世纪英、法、德三国的历史语境指出，直到近代，到了自由资本主义阶段，资本生产方式所蕴含着的革命性力量爆发出来，推动社会形态从封建社会进入到资本主义社会。整个社会从经济领域、政治领域到文化领域都发生重大变革。市民社会渐成气候，现代意义上的国家建立，封建特权被科层制政府取代，能与国家公共权力相抗衡的资产阶级公共领域产生。

哈贝马斯指出，成熟的资产阶级公共领域一般而言建立在公众所具有的私人身份上。在人类历史的发展进程中，只有到了资本主义阶段，人作为私有者的身份才被充分肯定。"从积极意义上看，重商主义的'统一体系'已经促使社会再生产过程的私有化开始萌芽：社会再生产过程是私有化可以按照市场自身的规律自主地逐步进行。因为随着受到上层支持的资本主义生产方式逐步扩展开来，生产关系也采取了交换关系的形式。随着市场领域的扩张和解放，商品所有者获得了私人自律；'私人'一词的肯定意义正是依据以资本主义方式自由支配财产的权力概念而产生的。"②"资产阶级公共领域是在国家和社会间的张力场中发展起来的，但它本身一直是私人领域的一部分。作为公共领域的基础，

---

① 〔德〕哈贝马斯：《公共领域的结构转型》，曹卫东等译，学林出版社1999年第1版，第8页。

② 〔德〕哈贝马斯：《公共领域的结构转型》，曹卫东等译，学林出版社1999年第1版，第84—85页。

国家和社会的彻底分离，首先是指社会再生产和政治权力分离开来，而在中世纪晚期的统治形式中，它们原本是整合在一起的"[①]。

17世纪后期的英国和18世纪的法国开始出现的资产阶级公共领域，就是由资本主义生产方式孕育出的现代意义上的公共领域。最初的表现就是出现了文学公共领域，具体而言就是学术协会、阅读小组、共济会、宗教社团等自发出现，它们活跃在剧院、博物馆、音乐厅、咖啡馆、茶室、沙龙等中，形成了一种新型的公共空间。18世纪中叶，艺术批评出现，"一方面，哲学越来越变成一种批判哲学……另一方面，通过对哲学、文学和艺术的批评领悟，公众也达到了自我启蒙的目的，甚至将自身理解为充满活力的启蒙过程"[②]。

早期的资产阶级公共领域是松散的，其形成主要基于一些共同的兴趣爱好，自由资本主义时期的资本家、银行家、出版商等新市民阶层，活跃在俱乐部、咖啡馆、图书馆、沙龙、大学及博物馆里。但聚集在一起的人们的兴趣逐渐沿着社会的各个维度延伸，在话题方面越来越无所不包，最后聚焦于政治，发表各种政治言论，抨击时政。当公众将批评的主题和方向从文学领域转移到政治领域时，政治公共领域就出现了。"当公共讨论涉及与国家活动相关的问题时，我们称之为政治的公共领域（以之区别于例如文学的公共领域）。国家的强制性权力恰好是政治的公共领域的对手，而不是它的一个部分。"[③]

"资产阶级公共领域当中形成了一种政治意识，针对专制统治，它提出了普遍而抽象的法律概念和要求，最终还认识到应当将公众舆论当作这种法律的唯一合法源泉。在整个18世纪，公众舆论都被当作是那些建立在争论——理性主义概念之上的规范的潜在立法资源"[④]。公众舆论与公共权力的合法性相关联。公共领域保证了"文化和政治上已经动员起来的大众"由市民变成政

---

①〔德〕哈贝马斯：《公共领域的结构转型》，曹卫东等译，学林出版社1999年第1版，第170页。

②〔德〕哈贝马斯：《公共领域的结构转型》，曹卫东等译，学林出版社1999年第1版，第46页。

③ 汪晖、陈燕谷：《文化与公共性》，生活·读书·新知三联书店1998年版，第125页。

④〔德〕哈贝马斯：《公共领域的结构转型》，曹卫东等译，学林出版社1999年第1版，第57页。

治社会中的公民，可以"有效地使用自己的交往和参与权利"，进入大众民主自身的合法化过程①。"在公共领域中，至少在自由的公共领域中，行动者能获得的只是影响，而不能是政治权力。一种或多或少以商谈的形式、在公开争论中产生的公共意见所具有的影响，当然是一种可以起举足轻重作用的经验变量。但只有当这种舆论政治影响通过民主的意见形成和意志形成过程的建制化程序的过滤，转化成交往权力、并进入合法的立法过程之后，才会从事实上普遍化的公共意见中产生出一种从利益普遍化的角度出发得到了检验、赋予政治决策以合法性的信念。"②

哈贝马斯着力探讨的公共领域，是一个狭义的、有特定社会历史内涵的概念，简言之，就是一个资产阶级的"政治公共领域"，这是哈贝马斯所肯定的公共领域的理想形态。在《公共领域的结构转型》初版序言中，他说："本书的目的是分析'资产阶级公共领域'。"③多年后他反思资产阶级公共领域，进行了简短精准的表述："资产阶级公共领域是一种特殊的历史形态，它尽管与其在意大利文艺复兴时期城市中的前身具有某些相似之处，但它最先是在17—18世纪的英格兰和法国出现的，随后与现代民族国家一起传遍19世纪的欧洲和美国。其最突出的特征，是在阅读日报或周刊、月刊评论的私人当中，形成一个松散但开放和弹性的交往网络。通过私人社团和常常是学术协会、阅读小组、共济会、宗教社团这种机构的核心，他们自发地聚集在一起。剧院、博物馆、音乐厅，以及咖啡馆、茶室、沙龙等对娱乐和对话提供了一种公共空间。这些早期的公共领域逐渐沿着社会的维度延伸，并且在话题方面也越来越无所不包：聚焦点由艺术和文学转到了政治。"④

综上所述，从时间坐标来看，哈贝马斯的历史梳理纵贯了古希腊城邦时

---

① 〔德〕哈贝马斯：《公共领域的结构转型》，曹卫东等译，学林出版社1999年第1版，第12—13页。

② 〔德〕哈贝马斯：《在事实与规范之间——关于法律和民主法治国的商谈理论》，童世骏译，生活·读书·新知三联书店2003年第1版，第459页。

③ 〔德〕哈贝马斯：《公共领域的结构转型》，曹卫东等译，学林出版社1999年第1版，初版序言，第1页。

④ 〔德〕哈贝马斯：《公共领域问题的答问》，载《社会学研究》1999年第3期。

代到 20 世纪，论析了公共领域的历史发展与变迁。公共领域的历史源远流长，可以追溯到遥远的古希腊，公共生活（政治生活）往往是在广场上进行的，公共领域既建立在对话、辩论之上，也建立在共同活动（实践）之上。但是，在中世纪的封建社会中，真正意义上的公共领域是不存在的，国王和其权力象征物是公共性的公开的代表形式，哈贝马斯称之为代表型公共领域，但是这毋宁说是一种地位的标志。而当哈贝马斯所特指资产阶级公共领域出现，真正意义上的公共领域才登上历史的舞台。

第五节　公共性危机

尽管资产阶级公共领域具有较大的积极性意义，大大推动了政治民主化的进程，但它也走到了穷途末路，资本主义社会陷入公共性危机，这才是哈贝马斯公共领域历史呈现的尾声。资产阶级公共领域从产生到没落过程非常复杂，哈贝马斯在宏观层面上将之总结为"两化"，这都是资产阶级内部的深刻变化：

第一次被称为"去封建化"。主要是指前文所述的资产阶级公共领域的出现过程，随着资本主义市场经济的发展，在封建社会中原本是整合在一起的社会生产和政治国家分离开来，为公共领域的产生提供了必要前提，于是在 17 世纪末 18 世纪初产生了资产阶级公共领域。

第二次被称为"再封建化"。"去封建化"是资产主义生产方式导致的，"再封建化"也是如此。19 世纪末期，随着资本主义向社会福利国家过渡，西方资本主义从自由资本主义阶段发展到垄断资本主义阶段。生产规模不断扩大，生产和资本不断集中，当生产集中发展到相当高的程度，极少数企业就会联合起来，操纵和控制本部门的生产和销售，实行垄断，以获得高额利润。不断扩大的经济力量通过多种途径，谋求与国家权力相结合，在政治上进一步控制上层建筑，利用政权的力量来加强其统治地位，国家权力的偏斜，势必控制和影响私人领域和公共领域。资本主义公共领域存在的基础发生了重大的改变，也就是国家与社会又重新合一。不是社会全面退回到封建社会，而是某些封建的因素正在复归，国家与社会的关系似乎又回到了封建社会的状态——国家与社会一体化上。哈贝马斯将这种现象称为公共领域的"再封建化"。

这个过程是国家社会化和社会国家化双向同步的过程。国家干预社会生活，介入公众的日常生活，或者由国家的某些机构承担了原来由社会来承担的职能，这都是国家的社会化。在国家活动向下渗透的同时，资本垄断出于利益的目的，主动要求公共权力介入私人领域和公共领域，甚至要求直接获得政治权利；个体出于私人利益，也可能向国家权力寻求保护，而不再侧重于关注公共领域、发展公共领域，使其有力量与国家权力机关抗衡，这就是社会的国家化。国家社会化与社会国家化双相同步的后果就是国家和社会一开始相互渗透，到后来两者的界限逐渐被消融、模糊，瓦解了资产阶级公共领域赖以存在的基础，用哈贝马斯的话来说，就是社会的国家化与国家的社会化是同步进行的，正是这一辩证关系逐渐破坏了资产阶级公共领域的基础，亦即，国家和社会的分离。

"再封建化"使资产阶级公共领域仿佛又变成了"代表型公共领域"。"在公共关系的影响下，资产阶级公共领域又带有了封建形式的特征：'供应商'在准备追随的消费者面前披上了代表型的外装。公共性仿造了过去那种代表型公共领域赋予了个人魅力和超自然权威的神圣光环。"[1] 当然，"再封建化"之后的公共领域，哈贝马斯并没有称之为"代表型公共领域"，而是称之为"大众民主福利国家的公共领域"。

哈贝马斯更详细地分析了再封建化过程的表现：

第一，公共领域的结构转型。结构转型是指，国家和社会再度合二为一，公共领域与私人领域重新融合。随着有组织的资本主义福利国家的建立和现代传媒时代的来临，公共领域和私人领域发生了重叠，"不论从社会学的角度，还是从法学的角度出发，它都无法归于公共领域或者私人领域的范畴之下。在这个交叉区域，国家化的社会领域和社会化的国家领域相互渗透，无

---

① 〔德〕哈贝马斯：《公共领域的结构转型》，曹卫东等译，学林出版社 1999 年第 1 版，第 230 页。

需具有政治批判意识的私人作为中介。公众的这一使命逐渐地为其他机制所取代：一方面是社团组织，其中，有组织的私人利益寻求直接的政治表现形式；另一方面是政党，政党曾是公共领域的工具，如今却建筑在公共领域之上，与公共权力机关紧密相连。具有政治意义的权力实施和权力均衡过程，直接在私人管理、社团组织、政党和公共管理机关之间展开。公众只是偶尔被纳入这一权力的循环运动之中，而且目的只是为了附和。"① "国家和社会之间的相互渗透作用消解了私人领域（原先，这一私人领域的独立性使法律的普遍性成为可能），同样，具有批判意识的私人所组成的相同质的公众这一基础也被动摇了。有组织的私人利益之间的斗争侵入公共领域。如果说，过去，私人利益能够保持中立，并可以归结为古典利益，因为私人化的个体利益保障了公共讨论一定程度上的合理性和有效性，那么，今天，取而代之的是各种利益之间的斗争。批判讨论中所达成共识让位于非公共的妥协或者直接贯彻的妥协。"②

第二，公共领域的功能转型。由于前文已述及，我们已经了解哈贝马斯在非严格意义上划分出两种公共领域类型，因此，当进一步探讨时，就涉及文学公共领域的功能转型和政治公共领域的功能转型。

文学公共领域的功能转型是首当其冲的分析对象。这种类型的公共领域虽然主要基于兴趣爱好而建立，但它也具有一定的批判功能，并能衍生出政治公共领域。由于国家与商业化势力侵入，20 世纪新出现的传媒（电影、广播和电视等）获得迅猛发展。但是哈贝马斯在这里做了一个分析，他认为作为达成公共舆论的重要中介的传媒确切地讲就是公共媒体，但在新世纪，公共媒体的影响力和影响范围虽然不断扩大，但它们却受到政府或利益集团的侵入，蜕变成了大众传媒。公共媒体和大众传媒的最大不同是是否保持中立，是否具有批判精神。大众传媒塑造出来的仅仅是公共领域的假象，公共领域

---

① 〔德〕哈贝马斯：《公共领域的结构转型》，曹卫东等译，学林出版社 1999 年第 1 版，第 201 页。

② 〔德〕哈贝马斯：《公共领域的结构转型》，曹卫东等译，学林出版社 1999 年第 1 版，第 204 页。

的精神内核被消解了。

公共媒体由于本质上是一种中介、一种工具，那么它就容易被某种主体所操纵和支配。本来意义上文学公共领域就是人们业余时间借助于报纸杂志等传媒探讨文学和艺术，是没有什么利益导向的，但如果被政府或政治利益集团所支配，那么它的中立性就消失了，一个典型的例子是公共媒体上是没有、也是不需要商业广告的，但是大众传媒上广告比比皆是，广告的入住正是公共媒体蜕变的表现。这样在文学公共领域，人们不再是出于发展自身兴趣、实现个性自由的目的了，而是仍然停留在生产与消费的循环之中。公众的批判意识被消费意识所取代，文化批判主体被文化消费所取代，文学公共领域的功能发生了转型，变成了文化商品市场，担负起新的功能，虽然形式上它还是一个公共领域，但实质上它已经变成文化消费的伪公共领域或伪私人领域。"文学公共领域的崩溃再一次得到集中体现……公众分裂成没有公开批判意识的少数专家和公共接受的消费大众"①。

政治公共领域的功能转型指的是原先由政治公共领域承担的功能发生了变化。尤其是原先公共领域中的社会组织、政党等，本来是与国家权力机关相抗衡的力量，但如今被某些社会权力机制所收编，社团组织、政党等又与国家机器结合在一起，借助强大的国家机器从权力运作的内部推动权力的实施与权力的均衡，通过操纵传播媒介宰制公众，制造伪公共性，策划社会共识，统一公共舆论，从而进一步达到博取公众赞同（或者至少争得公众的容忍）之目的。这样，政治公共领域的政治批判功能遭到了严重的破坏。

"今天，讨论本身受到了管制：讲台上的专业对话、公开讨论和圆桌节目私人的批判变成了电台和电视上明星的节目，可以圈起来收门票，当作为会议出现，人人可以'参加'时，批判就已经具有了商品形式。讨论进入'交易'领域，具有固定的形式；正方和反方受到事先制定的某些游戏规则的约束；在这样的过程中，共识成为多余之物。提问成了成规；原本在公共辩论中解决的争执挤入了个人摩擦层面。如此组织起来的批判讨论当然也具有重

---

① 〔德〕哈贝马斯：《公共领域的结构转型》，曹卫东等译，学林出版社 1999 年第 1 版，第 200 页。

要的社会心理学功能，尤其是作为行动替代品的绥靖功能。与此同时，批判的公共讨论功能则不断遭到破坏。"①公共领域原先自下而上地建立公共性，肩负着监督公共权力的职责，以保证公共权力的政治合法性，转变成受公共权力所主导，失去了自身的相对独立性，自上而下地建立公共性，实际上往往是迎合或粉饰公共权力，这样一来，政治公共领域发挥批判作用的主要功能变得失去了意义，它不再能建立起"公共讨论—公共舆论—法律法规和政策"之间的关联，公共性已经从一种源自公众的批判原则转变为一种源自展示机制的被操纵的整合原则，批判的公共性被操纵的公共性排挤取代了。

无论是哪一种公共领域发生转型，批判性的存在与否都是其是否发生根本转型的一条中心线索，批判性由强到弱乃至于消失，都表明国家与社会之间的"中间地带""过渡地带"发生了崩溃，自然而然地随之消失了。"再封建化"之后，国家主义大行其道，使公共领域向自己臣服，从表面上看，公众对国家具有很高的忠诚度，在大多数情况下都表现得很服从，并没有违抗公共权力机关所作出的公共决策以及决策的执行，甚至主动地与公权领域一体化，但是在哈贝马斯眼里，这都于事无补，都不是对公共权力提供真正的合法性支持，公共权力的合法性基础依然还是一个悬而未解的问题，哈贝马斯这样阐述道："尽管无限扩大的公共领域为了获得广泛赞同，向被剥夺了权利的公众反复提出各种各样的要求，但是，公众同时也远离了权力实施和权力均衡过程，以至于公共性原则再也不能证明统治的合法性，更谈不上保障其合法性了。"②

因此，哈贝马斯认为公共领域的嬗变，表明在自由资本主义时代作为国家和社会中介的公共领域衰落了，这个整个资本主义社会面临的危机，更确切地说，资本主义政治统治的合法性出现了缺失，这就是哈贝马斯反复说明的公共性危机或合法性危机。"合法性危机是一种直接的认同危机。它不是由

---

① 〔德〕哈贝马斯：《公共领域的结构转型》，曹卫东等译，学林出版社 1999 年第 1 版，第 191 页。

② 〔德〕哈贝马斯：《公共领域的结构转型》，曹卫东等译，学林出版社 1999 年第 1 版，第 205 页。

于系统整合受到威胁而产生的，而是由于下列事实造成的，即履行政府计划的各项任务使失去政治意义的公共领域的结构受到怀疑，从而使确保生产资料私人占有的形式民主受到质疑。"① 这种公共性危机或合法化危机实质上就是政治民主的危机。资本主义社会的核心价值观之一——所谓的民主并不像人们所认为的那样坚不可摧，它正在面临严峻的挑战。

较之公共性的历史形态，当代公共性样态丰富多样，但现代社会公共性危机也更为棘手。和阿伦特一样，哈贝马斯表达了对公共性危机的深切忧思，这是作为学者、作为知识分子具有深切的人文关怀所致。这种对人的关怀和忧思也影响到了其他知识分子，比如美国学者理查德·桑内特（Richard Sennett）就专门写了一本书——《公共人的衰落》，从城市日常生活经验的视角去阐发哈贝马斯所说的"公共性危机"，认为城市生活让人只看到或体验到各种基于利益之上的关系，因而退缩到私人领域之中，渴求亲密性关系，自动和城市公共生活保持距离，导致现代社会中公共人的衰落。这的确是一个更加贴近人们日常生活体验的一种分析，能加深对哈贝马斯公共性危机思想的理解。

那么，资本主义的合法性危机有没有消除的途径呢？现代资本主义社会的出路何在？在哈贝马斯早期的公共性思想中，我们暂时找不到完备的答案，只能看到哈贝马斯的一个信念，这个信念可以说是和阿伦特一样的：重兴公共领域，重新打造批判的公共性，而批判的公共性代表着社会的民主化水平。这样的反思还是贫弱无力的，从字里行间可以隐隐约约感受到一种悲观的气息。尽管如此，走出合法性危机一直伴随着哈贝马斯的学术历程，在多年之后，哈贝马斯坚信，重构的公共领域要建立在交往理论之上，后期的哈贝马斯逐渐走上了交往行动理论的构建之路。

---

① 〔德〕哈贝马斯：《合法化危机》，刘北城译，上海人民出版社 2000 年第 1 版，第 65 页。

第三章　哈贝马斯的公共性思想：
以"生活世界"为中心

第一节　生活世界的"临时介入"

　　哈贝马斯后期的公共性思想较之前期思想，发生了一些变化。第一是对"公共领域"的论述转移到了"交往行动"和"生活世界"的阐述。阿伦特的"行动"概念启发了哈贝马斯的"交往"概念，她关于公共领域等的探究也直接影响了哈贝马斯的公共性思想，而"交往"的场域——"生活世界"也随之进入研究的视野。第二是至于"公共领域"思想本身，哈贝马斯并没有改变其基本观点，但又根据时代的发展变化做出了一些调整，主要体现在《在事实与规范之间——关于法律和民主法治国的商谈理论》（1992年出版）一书之中。哈贝马斯向世人奉献出的这部著作，离《公共领域的结构转型》出版已经有30年之久了。

　　30年后的哈贝马斯，是完全背离前期的公共性思想，还是强化、改造和发展呢？答案显然是后者，哈贝马斯借助于"生活世界"理论的引入，强化了多年前他对公共性的理解。哈贝马斯将社会划分为系统和生活世界，私人领域、公共领域和公权领域都源自于生活世界，但私人领域和公共领域还居留在生活世界之中，属于生活世界的一部分，公权领域却进入了系统，成为其重要的组成部分。系统是生活世界的理性化的产物，它不能证明自身合法性何在，必须借由生活世界才能为给系统提供合法性依据。生活世界是公共领域所有要素的来源，是公共性的源生地。在他后期的代表性著作《交往行动理论》①中，哈贝马斯表达了上述观点。如果简要地说明哈贝马斯前期和后期公共性思想的关系，大致可以表述为：前期侧重于探讨公共性、公共领域是什么，后期侧重于探讨公共性、公共领域如何是，两个时期的思想形成了一个话语贯通与逻辑关联。

从我们自身的存在状态来看，从经验维度而言，我们毋庸置疑地总是处在生活世界之中，在其中，人们依寓和栖居，奔波和劳顿，体验和感受。对于这个日常经验的、自己容身于其中的世界，有人往往"不识庐山真面目，只缘身在此山中"，会对生活世界视而不见或者是对其不求甚解。正如倪梁康先生所说的，生活世界的背景既是直接当下的，又是不被注意到的；既是强烈的，又是隐蔽的；既是不言而喻的，又是需要确证的；既是切近的，又是遥远的。严格地说，它既是一种知识，又不是一种知识。而有的人会对生活世界有一个自然的态度，会从不同程度意识到它是一个本己的真实的存在，是一个与生命相关的、有切身体验关系的、生存必需的世界，当然这种感悟可能会转瞬即逝，没有上升到学理的高度。把生活世界当作严格意义上的哲学概念，使其真正成为理性思维的对象，对其进行规范性的理论剖析和研讨，是一项十分复杂而又具有开创性的哲学活动。

哲学本来就是生活自身的绽放，是基于生活和面向生活的理性思考。很多哲学家的思想中都或隐或现地包含着自己的生活经历，康德如钟表一样刻板的日常生活和他的"三大批判"、尼采癫狂性质的生活和他的"价值重估"以及超人哲学、萨特特立独行的生活和他的存在主义思想，都让我们体会到理论与思想者的生活历史之间是有着紧密的联系。对哈贝马斯来说，他自己认为公共领域、话语和理性这三个概念是他的学术研究中最重要的概念，在自己的理论体系中占据着主导地位，而这三个重要概念的任何一种纠葛都有着个人经验的根源。他充满感情地回顾自己的生活经验带来的哲思："哪怕是哲学家一生中最激动人心的插曲故事，也都是隐藏在对他们观点和论证当中"，"就我的兴趣发展而言，有四种人生经验发挥了重要作用：（1）出生不

————————
① 又译"交往行为理论"。

久，还在孩提时期，我就接受了不同的痛苦的外科手术治疗——当然，很多哲学家一生都有这样那样的病痛经历。（2）上学之后，让我记忆犹新的经验是由于残疾而导致交往上的困难和折磨。（3）1945 年是世界历史的一个转折点。在青年时代，我深深受到了德国战后一代独特经验的影响。（4）成年以后，我一直都为战后德国社会的政治经验而深感不安，战后德国社会的发展可谓步履蹒跚，慢慢才实现了自由化"。①

哈贝马斯所提到的四个重要的人生体验，第一种和第二种属于他自身的生活，第三种和第四种属于庞大的外部环境，属于社会的重大变迁。尤其是他小时候的经历，已在他的头脑中埋下了关注公共生活的种子。哈贝马斯小时候是一个唇腭裂患儿，他说："我出生后不久就接受了一次手术。我不认为这次手术会彻底动摇我对周围世界的信任。但这次手术会唤发起依赖感，也会让我认识到自我与他人相处的重要性。到后来，人的社会性无论如何都会成为了我从事哲学思考的出发点。……要想辨认出人的社会属性的特殊性，就必须把亚里士多德的名言'人是一种政治动物（zoon politikón）'仔细翻译一下：人是一种在公共空间中生存的政治动物。……我五岁的时候，又做了一次唇腭裂修复手术。这次手术给我留下了清晰的印象，让我更加清楚地意识到一个人在内心深处对他人的依赖。至少，这种感受让我在思考人的社会属性的时候，把我引向了一些强调人的精神的主体间性的哲学观点"，"个人面对他的社会环境，并不像单纯的有机体面对自然环境那样——作为一种内在的东西，他们渗透性地与陌生的外部世界区分开来。主体与客体、内在与外在的抽象对立只是一种骗人的假象，因为新出生的有机体只有在接受了社会互动之后才能成为人。只有当他进入了张开双臂拥抱他的社会世界的公共空间之中，他才成为一个人。我们的生活世界在内部共同拥有的一种公共性，它既是内在的，也是外在的。"②

---

① 〔德〕哈贝马斯：《公共空间与政治公共领域——我的两个思想主题的生活历史根源》，载《哲学动态》2009 年第 6 期，第 6 页。

② 〔德〕哈贝马斯：《公共空间与政治公共领域——我的两个思想主题的生活历史根源》，载《哲学动态》2009 年第 6 期，第 6—7 页。

　　他患病治疗的经历和后来上学交往困难的经历都让他深刻地体会到，就像动物是群居动物一样，人是一种动物，是生活在家庭之中、生活在群体和社会之中的，也就是说天生就处于一个公共的社会关系网络之中，人尤其在未成年、不成熟的时候，比其他动物还要脆弱，还要无助，因此特别依赖父母家庭的庇护，离不开与同类成员之间共同分享的公共文化。因而个人和他人之间的依赖关系、主体间编织而成的网络结构无论如何无法否认。人类互相学习，相互成就，只有在一个充满文化活力的公共空间中才有可能。而他成年以后的经历则表明，人们还是没有办法脱离公共生活之网。因为第二次世界大战的经历以及民主生活匮乏的经历，都促使他思考公共领域的功能和意义。可见，哈贝马斯所珍视的"公共领域""交往行动""交往理性"等这些范式都来自于他关于自己生活经历的自我理解。这些自我描述都再清楚不过了，哈贝马斯反复地表达，生活世界正是公共性的源生地。

　　"在为新版所撰写的序言中，哈贝马斯反复强调该书对于其整个理论体系和思想道路的基础意义和规范作用。我们都知道，在当代思想语境中，哈贝马斯的理论首先或主要是一种现代性话语，是一种试图从社会和思想两个层面上澄清现代现象和现代本质的学说。如果说《交往行为理论》还是其整个现代性理论的导论的话，那么，《公共领域的结构转型》则是其一份提纲。"①

　　哈贝马斯标志性的重要著述《交往行动理论》融汇了德国理性主义哲学、社会学传统、符号互动理论、当代语言哲学以及批判理论等，分为两卷，深奥难解。《交往行动理论》（第二卷）的副标题是"生活世界与体系——论功能主义理性批判"，围绕这样一个总的目的：以交往行动为核心，重建社会理论，使之不仅成为彻底的社会批判理论，而且为"病理性的"现代社会提供非病理性的、正常的社会评价标准。而实际上，"生活世界"概念在交往行动理论中的出场，用哈贝马斯的术语来表述就是"临时介入"。

　　虽被当作临时介入，但却出于论证交往行动的目的，哈贝马斯对它进行了较为充分的阐述。综观哈贝马斯的所有思想，可以看到，生活世界理论的提出具有内在的逻辑必然性，这是他的交往行动理论的一个重要方面；换言

① 曹卫东：《哈贝马斯·公共领域·其他》，载《中华读书报》1998年11月4日。

之，哈贝马斯在交往行动理论的考察中追溯到生活世界，并非心血来潮的任意之举，而是理性的、深思熟虑的抉择。《交往行动理论》（第一卷）就声明"生活世界是交往行动理论的辅助性的理论"，在第二卷中他又重申了这一观点，提到预先理解生活世界，可以对交往行动加以说明，生活世界的背景是现实的，它默默地承担着交往的日常活动，并在对社会学家米德和杜尔克海姆的社会学理论的相关论题进行分析之后，专门构建"体系－生活世界"双重结构对生活世界理论进行动态的、具体的论述，随后，他从生活世界理论角度出发，对帕森斯的结构功能主义进行理性的、批判性的探讨，并对韦伯和马克思的相关理论进行了重新阐释，这至少表明，生活世界理论不仅仅不是"临时介入"，而且也超出了生活世界是交往行动理论的辅助理论的申明，"生活世界"在《交往行动理论》第二卷中已经成为交往行动理论的奠基性的概念。通过分析我们会自然地得出这样的结论：生活世界理论对交往行动理论而言，是不可或缺的，是交往行动理论的立根之基，具有基础性的意义。

实际上，哈贝马斯的生活世界理论具有相对完整的理论雏形，具有严谨的结构性的分析过程，他对生活世界的探讨是规范性的，涉及生活世界的结构因素、生活世界的再生产、生活世界和体系的双重结构分析、生活世界的功能，尤其是它与公共领域的关系、对公共性的贡献等方面，这就和早期的公共性思想发生了勾连，是对早期的公共领域的追根究底的、根源性的分析，论证了生活世界是公共领域的源生地，形成了一个较为清晰的、完整的公共性思想脉络。

第二节　生活世界的理论源头

第一章曾述及，阿伦特将人的活动划分为三大类：劳动、工作和行动。哈贝马斯则将人的行为划分为四大类：目的性（策略性）行为、规范性行为、戏剧性行为和交往行为。其中，目的性行为与阿伦特所说的"工作"实质上一致，就是一种以目的为导向的、主体和客体的关系为前提的活动，是主体要达到一定的目的或状态，借助于工具或手段，作用于外部世界的一种活动。所谓规范性行为，就是指以规范为导向的行为，是主体在一定的规范条件下，以规范为“指挥棒”，来调整自己的行为。所谓戏剧性行为，是以“自我表现”为导向的一种活动，它主要涉及个体的主观世界，主体借助于种种方式，在观众面前表现自己，它向观众所表达的东西不一定是真实的，但却是真诚的，是诚挚地表达主观感受、情感和愿望的，以让观众能接收到主体的表达。而交往行为与阿伦特所说的“行动”范畴具有内在的一致性。

阿伦特虽然对“行动”范畴予以高度肯定，认为这种活动使人成为人，它赋予人最高的意义，但哈贝马斯关于“交往行为”或“交往行动”的阐述更为清晰、深入，带有范式的意味。哈贝马斯认为交往行为主要处理人与人之间的关系，通过语言和对话达到人与人之间的理解与一致。他说：“交流的经验，如这个名称所表露的，起源于至少把两个主体结合在一起的交互行为的关系，它发生于通过语言而建立起来的对稳定的意义的理解的主体间的框架中。”① 可见，所谓的交往行为或者交往行动，就是一种交互主体性的活动，其中，语言作为媒介占据特别重要的地位。

相互理解是交往行动的动机，也是它的目的，所以达成相互理解的理性是交往行动的内核。而交往理性主要是生活世界（life-world）的理性。哈贝马斯并非“生活世界”这个概念的首创者和原创者，在他之先，著名的现象学大师胡塞尔（Edmund Gustav Albrecht Husserl）已经阐述过他的“生活世界”理论。胡塞尔晚年在《欧洲科学危机和超验现象学》《生活世界现象学》等著作中探讨了“生活世界”，把久已被人遗忘的前科学的领域带进了哲学思考的视野。他所提出的被学术界公认为具有范式转换意义的生活世界思想，建立了一种崭新的现代哲学方案，对后世产生了深远的影响，可以说，20世纪对相关论题进行研究的哲学家，都不可避免地进入到胡塞尔开创的生活世界视域之中。胡塞尔之所以提出生活世界思想，有着深刻的社会历史背景。

---

① 转引自王荔：《主体间性视域下中国法律发展的主体性重塑》，载《河北学刊》2012年第1期。

由于欧洲科学发展迅猛，工具理性日益明显地渗透到经济、文化、社会生活乃至最隐蔽的家庭生活领域，一个自然、朴素的生活世界被一个科学的、冷冰冰的世界所取代。应该回到并理解这个前科学的世界，使得这个世界作为一个"意义世界"呈现出来。

在《欧洲科学危机和超验现象学》一书第三部分的前半段，胡塞尔首次提出了"生活世界"概念，这个概念在书中有多个不同的说法或限定词。他将生活世界理解为"主观现象的匿名之域"，或主体的先验性，生活世界是一个"被事先给予"的世界，或"原本明白的域"，生活世界是限于客观科学的自明的基础领域，或是我们共同生活于其中的、对我们有意义的"我们的世界"，或是为我们的意识校准的普遍的视域等。对于这些或零散或相对完整的表述，张庆熊先生将之归纳为："胡塞尔对'生活世界'这个词有三种不同的用法：1. 狭义的生活世界的概念，指日常的、通过知觉实际地被给予和被经验的世界，2. 作为特殊的世界的生活世界的概念。胡塞尔考虑到人们不仅过着衣食住行的日常生活，而且还从事着各种生产活动和文化活动。人们的实践活动是有一定的目的和一定的范围的，不同的兴趣会造成人们的不同视野，人们各自的实践活动是人们各自特殊的生活世界。3. 广义的生活世界的概念，指生活世界统一各个特殊的世界。"① 这一理解虽然涵盖面比较广，但如果仔细研读原著，并如果将这些不同的理解做一个归纳，可以发现胡塞尔主要从两个层面来谈"生活世界"。

第一，作为"日常生活世界的世界"。显然，这是一个前科学的、前逻辑和原给定的生活世界。他说："生活世界是自主科学的被遗忘了的基础。""现存生活世界的存有意义是主体的创造，是经验的、前科学的生活的成果。世界的意义和世界存有的认定是在这种生活中自我形成的。"② 这是一个前科学的、前逻辑的、未经量化或抽象化的直接被感知的世界，是原生形态的丰富

---

① 〔德〕胡塞尔：《欧洲科学危机和超验现象学》，张庆熊译，上海译文出版社 1998 年第 1 版，第 58 页。

② 〔德〕胡塞尔：《欧洲科学危机和超验现象学》，张庆熊译，上海译文出版社 1998 年第 1 版，第 58 页。

灵活、变幻不已的现象世界。这个前科学的日常生活世界具有如下四个特征：

1. 先在性。即在未纳入论题之前，它已作为一种先存性背景存在着。

2. 直接性。它是未能抽象化的直接知觉的世界，是以具体的"人"——一个具有能知觉事物的身体的人，一个有活动能力、并且有情绪反应的人作为中心的世界。它是未经科学化前的自主的态度，是包罗了一切未被量化的丰富灵活的现象世界，这个世界是原生的、丰富的、不稳定的、变换不已的世界。

3. 主观性。日常生活世界在自主认知的态度下产生，相对于不同的主体会有个别真理性，但它不能脱离日常关系。这个世界的主体有着种种实用性的要求，是充满目的、意趣和旨趣的世界。即使它是存在于主体间的为主体共有的世界，也具有变动的、个别选择的主观性特点。

4. 非课题性。所谓课题化是在某种主题的引导下，用特定的经验方式经验出来，并有特定的诠释方式解释出来的活动。作为一个人生活于其中的具体世界，作为一个未分化的世界，它是不被具体的个别的人，在交往中有意识地作为对象纳入论题之中的；相反，具体的个别人因不同的需求而发生的各种目的和趣味而将某对象课题化这一活动，总是能相容地并存、交缠在日常生活世界之中。

胡塞尔对欧洲"科学—文化"危机的拯救，是要人们回归这先于科学世界的日常生活世界，因为科学世界偏离了关注人生的理性主义传统，它不可能解决人生的目的、价值和意义问题。所以，胡塞尔坦言，我们处处想把"原初的直观"提到首位，也即想把本身包括一切实际生活的（其中也包括科学的思想生活），和作为源泉滋养意义形成的、前科学的和外于科学的生活世界提到首位。

第二，作为"先验还原通道的或作为存在的基础的、先验的生活世界"。根据胡塞尔的观点，在一个经验自我之先，存在这一个先验自我，从而进一步认为，在经验的日常生活世界之先，还存在着一个先验的生活世界，这是一个不可以再追溯的、源初性的世界，或者说，经验生活世界是通往先验之域的一个通道。如果没有先验之域，经验的生活世界也无从谈起，这种源初性的世界，需要用"现象学还原"的方法，在取消自主直觉的状态下，才能达到这个源初的、自明的世界。这个层面的生活世界是更根本的、更重要的，它"不再限于分析知觉、回忆、时间感……这些分立的意识状态的意向性结构，而是要从总体上探讨整个世界现象——不管它是物质自然的、心理的还是历史精神的——及关于它的众多科学学科之所以可能的总前提"。[①]

在将生活世界定位在日常生活世界层面上之后，胡塞尔进行了数度退后追寻的活动，最后将生活世界追寻到了先验域之中。据胡塞尔的先验现象学观点，在每一个个别的经验自我之上，存在着一个统一的先验自我，一切纯粹的观念，即本质都是这个先验自我的意识活动的对象，而经验自我分有了先验自我的纯粹意识，因此，经验自我通过反省自己的主观意识，可以发现本质。以这一见解为基点，胡塞尔提出了著名的"现象学的还原"方法和意向性理论，建构起先验现象学体系。在思考生活世界的过程中，胡塞尔消解了日常生活世界，回到了同一思路。他认为，日常生活世界是通往先验领域的一个通道。在这里，生活世界的方法和心理学的方法、笛卡尔的还原法一样，是通往先验领域的一个途径。继而他进一步认为在经验的日常生活世界之上，还存在着一个先验的生活世界，这是一个不可以再追索的、源初性的世界，没有这个世界，经验的生活世界将无从谈起，这就直接把生活世界置于先验领域之中。他指出，日常生活世界还不能被视为最先行的基本性的世界，因为它已蕴含了不少逻辑运作行为，而应有一个先验主体，在一切主动的框架作用开始之前就先行组合而成的世界，故而应采取"现象学还原"的方法，中止人的自然的认识态度，直指原初性的世界。

这个源初性的世界，是一种需用历史性后退方法自知觉世界回退的世界，是一个终极的、源初的、自明的世界，是先于知觉世界而有，并非我们日常的、又在自然状态之下察觉得到的世界，是与人的存在攸息相关的、最紧张的和原发的世界或纯构成的世界。我们只有在取消自主知识状态下对所知的世界的知识，才能达到那个始基世界，胡塞尔要寻找的，就是这样一种根本性的前提，以及这前提对于理解力的充分自明。换言之，他不但把生活世界作为先验还原的通道，还认为有一个先验的生活世界，它是日常生活世界和

---

① 罗嘉昌、郑家栋、毛怡红等主编：《场与有》（第 2 期），中国社会科学出版社 1995 年版，第 219 页。

人的生存的根基。总体而言，"生活世界"是以更具整体性的视野来进行现象学追究的。

哈贝马斯的理论视野是非常广阔的，他往往注意与西方当代哲学的潮流保持同步。作为新萌生的概念，"生活世界"在不同的语境里、在不同的思想者那里具有不同的意义，哈贝马斯也捕捉到了这个充满歧义的新范畴。他继承了胡塞尔的生活世界论题，把胡塞尔对"生活世界"做出的最本质的规定，如自然明确性、非对象性、奠基性、主体间性、主观性、相对性等等进行批判地吸纳，尤其是背景性和奠基性两点。因为胡塞尔指出生活世界是前科学的世界，是一切理论和科学的前提。哈贝马斯则认为，生活世界是信念储存库，是日常生活实践中预先给定的领域，胡塞尔认为，生活世界是人类一切生活实践的基础，人们对社会现象及一切科学认识的分析和研究，应返回生活世界；哈贝马斯同样认为生活世界是人们展开一切社会行为和理解活动的基础，这里可以清楚地看出两者的共同之处。

虽然哈贝马斯对生活世界的基本规定大多源自胡塞尔，但他摒弃了先验的生活世界内涵，主要继承了其关于日常生活世界的理解，并使其在自己的视域中发生了明显的流变。二者最大的差别之处在于胡塞尔的"生活世界"概念是认识论的概念，而哈贝马斯的则是社会哲学概念。一言以蔽之，哈贝马斯和胡塞尔的生活世界理论形成了既相关又相异的复杂而微妙的关联。

1. 关于理性。这一点不仅是哈贝马斯和胡塞尔生活世界理论的差别之一，也是二者为何具有这样的差别的原因。胡塞尔和哈贝马斯都是伟大的理性主义者，深受德国古典哲学理性传统的影响。胡塞尔对生活世界的分析是理性批判地剖析人类认识的可能条件。哈贝马斯被称为"最后一位伟大的理性主义者"，他一方面批判理性，一方面又拓展理性的潜能，相信理性可以重建社会的规范和人的价值。然而，胡塞尔秉承的是思辨理性传统，哈贝马斯则坚持实践理性传统。思辨理性将观念运动局限于思维领域，不计实现效果地进行抽象思维、分析和探索；而实践理性是出于现实的政治、经济、法律、道德等实践领域需要的观念活动，旨在使实践活动有序，使其过程合理化，使其结果有效。这亦与两人的哲学旨趣有关，胡塞尔是先验现象学的创始人，虽然他探讨生活世界是为欧洲科学危机开药方，但他最终目的是致力于探究人类认识的能力，意在揭示人类理性思维的同一性和客观性。生活世界的双重内涵，尤其是先验意义上的内涵，只是思辨反思的结果，与当下的社会实践无涉，是一个纯粹思维领域的、理论的概念，带有浓厚的先验现象学的色彩。哈贝马斯在某种层面上，可以被理解为是一位社会哲学家，虽然他的理论也带有较强的规范性和思辨性，但是学科的特点使他一以贯之地关注社会现实问题。哈贝马斯的生活世界直接就是社会哲学意义上的交往实践的背景、境遇和场所，而先验意识应当在生活世界的实践中得以具体化。

2. 关于先验性。胡塞尔最终将生活世界置于先验之地。哈贝马斯则认为日常生活世界更符合他的兴趣目标，只有在某些语境中，谈到普通语用学意义上的生活世界和生活世界的功能时，才认为它是先验的。然而他又审慎地和先验性保持距离，所以他称自己的"生活世界"概念具有"半先验性"。胡塞尔也许是以先验哲学来恢复前科学的生活世界与人的关系、来开创一种新的先验论的总体视野的哲学家。胡塞尔自1908年以后始终用"先验"概念规定自己的现象学特征，他的生活世界具有双重内涵：日常生活世界和先验生活世界。他虽然用了较大篇幅分析日常生活世界，然而，从经验意义上讲，生活世界是科学世界还原为纯粹意识的桥梁，从先验意义上讲，生活世界本身就是纯粹意识，是先验主体性的一种充实、丰富扩展，与先验意识处于同等地位。换言之，胡塞尔反对对生活世界持一种单纯日常生活的态度，拒绝将其视作纯粹客观的东西，之所以需要日常生活世界，是需要从更整体的基础来进行现象学追索，去追问先验的领域，去追寻更源初的属于先验的原发境域的世界。这个世界是一个原本明白的、可直观的境域，本身具有一种超历史的或前历史的自明性的不变结构，保持着一种先验本性。这种先验性不是传统哲学先验逻辑意义上的在先性，而是一种纯意义构成的在先性。

哈贝马斯的生活世界是交往实践的生活世界，从逻辑上而言其理论是不应具有先验性的。但哈贝马斯在论述生活世界，尤其是论述生活世界的功能和普通语用学的生活世界时又带有一定的先验的色彩。在涉及生活世界的背景功能时，哈贝马斯说，生活世界是听者与说者的先验的场所；在谈到生活世界的构成部分——文化传统时，哈贝马斯指出它是用组织经验的"先验的解释"，在某种意义上，使得生活世界成为先于交往行动主体的经验的、自明性的、无需再依赖进一步条件的世界，成为前逻辑的、不依主体的意志为转移的世界；在涉及"生活形式"或普通语用学的生活世界时，哈贝马斯认为，理解的媒介固定为一种特殊半先验的，亦即语言会采取一种在某种方式下的先验立场。因为生活世界作为交往行动的背景和来源，是由日常用语构成的先验领域，主体始终发现自己处在一个被语言所建构的世界中，受制于被语法规定的意义关联，这样，语言就具有了先验的价值，是交往行动有效性的条件。而且，他还认为，语言不能停留在偶然、经验的层面，而应上升到一个先验的、至少是半先验的反思层次上，这样才能提出相互理解的普遍条件。只有在先验层次上，才能设置交往的先决条件，才能对经验进行整合，才能保证语言的有效性。

显然，生活世界本身表明了一种境域意识，一种对总体规模的世界、统一的世界、主客浑然为一体的世界的意识。"生活世界乃至全部现象学的灵魂和构成生机就在于其（边缘）域性。现象学思想的新颖之处也就在于通过对次域性的分析而突破了传统的一与多、现象与本质的二元区别，而且，通过这境域，客观世界与主体意识处处相关。"① 哈贝马斯所理解的生活世界也是一个明白确然的境域，主体无间距地生活于其中。这种无间距使得生活世界既是直接当下的，又是不被注意的；既是不言而喻的，又是需要确证的……总体而言，胡塞尔的生活世界是原发性的纯粹的境域；作为纯粹的主客体浑然未分的境域的生活世界有构成性，一切经验的对象或可能被经验的对象都是由它潜在地构成的结果。哈贝马斯的生活世界提供前见，这种前见主要是指生活世界的"信念储存库"功能而言。"生活世界储存了先辈们以前所做的解释成就"，而前人积累下来的解释就构成先入之见，这种先入之见或前理解为交往参与者提供依据，亦即交往参与者所具有的知识、信念和理解由生活世界提供，并且受到它在先的定向。这种在先的定向可能会促进交往者达成一致见解，也可能交往者造成障碍，这需要交往者具有反省与批判能力，以对之加以省察。

---

① 罗嘉昌、郑家栋、毛怡红等主编：《场与有》（第 2 期），中国社会科学出版社 1995年版，第 231 页。

　　胡塞尔和哈贝马斯都把生活世界的剖析和危机问题结合起来思考，都把解决危机的途径诉诸生活世界，但二者的倾向不同。胡塞尔的方向是回归，他对危机四伏的欧洲进行了分析，深刻地指出了危机的根源在于对生活世界的遗忘，所以他为纾解危机开了一剂药方：回归到没有受到科学技术和工业文明渗透的生活世界，回归到未科学化、理论化的自然呈现的日常生活世界，在日常生活世界中挖掘价值和意义的源泉，为人类重建意义世界和精神家园。哈贝马斯对后工业社会做出"生活世界的殖民化"的病理学诊断，实际上是对体系侵入日常生活世界、使之异化的状况进行了深刻的批判，并试图通过普通语用学途径、重建理想的言语情境，重建一个合理的生活世界，唤起人们对真正的生活世界的向往，所以有某种理想性，超越性。

　　3. 关于交互主体性。交互主体性是当代哲学的热点问题之一。生活世界的有效性由我们的共同视域构成，所以必然与交互主体性相关。探讨"主体—主体"结构及互动关系需要加以探讨。"交互主体性"概念成为胡塞尔晚年建构生活世界理论的核心范畴。对应他双重内涵的"生活世界"概念，其"交互主体性"也有两个层次：其一，把单个主体扩展到复数主体，把唯我论扩展到交互主体性，生活世界成为主体间公共的生存经验，成为主体的共同视野；其二是先验的交互主体性，由于他始终以先验主体"我"为最初基点转换为"我们"构造的生活世界，即不可能跳过原初的"我"而直接进入交互主体性，先验的主体是交互主体性的前提。对此，有论者认为胡塞尔出于摆脱唯我论或自我论的假象而提出"交互主体性"概念，但是他又未走出先验的主体和交互主体的矛盾困境。而对于哈贝马斯而言，这种困境是不存在的，作为社会哲学概念的主体，由于以主体与主体之间的联系和交往作为研究的中心课题，一开始就不是一个先验主体或者先验意识，而是进行交往活动的主体，交往互动主体通过对话，通过语言而形成交互主体性活动，并且也是出于达成一致理解的目的而进行主体间的互动和整合，生活世界就是人们进行交往的领域，它体现人们在交往中的一种关系，在这个意义上，生活世界也就是交互主体所构造出来的视域的总和。

　　哈贝马斯对胡塞尔生活世界的改造显而易见，他将这两个侧重于先验性的概念，转化成社会学及伦理实践范畴中的概念，将其作为交往理性的载体，在理论体系中加以阐述。为什么会这样？国内胡塞尔思想的研究专家倪梁康指出，这是出于两个原因："一方面，哈贝马斯确信，交往行为的基础就建立在'生活世界'所代表的那种无疑的（非课题性的）、根本的（奠基性的）信念之中，换言之，交往行动理论是建立在生活世界现象学的基础之上的；另一方面，'生活世界'这个概念所展示的那个领域使哈贝马斯发现了理论与实践的本质关系，为他提供了将胡塞尔生活世界现象学纳入到西方马克思主义实践理论中的可能性。"①

第三节　交往行动与生活世界

交往行动首要的关键之点是它是"主体—主体"结构及互动关系，又被称为主体间性的活动。所以，要理解哈贝马斯的"交往行动"，首先要较为全面地剖析"主体间性"范畴。

"主体间性"是近代以来才出现的概念，"主体间性"问题一直被关注和探讨，形成一定的共识。从西方哲学的发展历程看，古代哲学尤其是古希腊哲学侧重于本体论研究，探求一种超验的、永恒的、形而上的本体，以之为世界的本原、本体、最根本原因，在这个玄奥的、抽象的、绝对的本体世界中，主体是很难在场的，因而，主体不在本体论的思维范式之内；到了近代，哲学范式发生了认识论转向，"主体性"这一概念在近代哲学中才凸显出来，笛卡尔提出"我思故我在"的著名命题，开启了近代主体性哲学（也有人称之为"意识哲学"）传统，直到康德强调以主体为中心的"哥白尼革命"，可谓达到了顶峰。尽管哲学家对其解释和理解有很大差异，它还是形成了哲学世界中的一种重要范式，可以说近代以来的西方哲学很多研究主题是以主体

---

① 倪梁康：《现象学及其效应——胡塞尔与当代德国哲学》，生活·读书·新知三联书店 1994 年第 1 版，第 350 页。

性哲学为基础或者说和主体性哲学相关的。"主体"在哲学中的地位被突出出来，但主体的意义、价值却有很大不同。

虽然主体性哲学具有重大的意义和深远的影响力，但是随着哲学的发展和研究的深入，其中的问题或困境开始显露出来。哈贝马斯指出，人在成长过程中表达个人感受和内在冲动，会不断形成自我意识，但是这就必须把自己外化在通过交往建立起来的人际关系当中。而在"主体性"哲学中，"笛卡尔式"的单一意识观是自我封闭的，这就走上了一条歧途。因为传统主体性哲学侧重解释人和外部世界的关系，这种关系可以用"主体—客体"这样一个图式来表示，这种思维范式是在"主客二分"的思维框架中强调"主体性"，带有视主体相对于客体具有优先性和至上性的意味，也就是说，这样就把复杂的人与世界的关系限定在狭窄的主、客体范围内，甚至停留在孤立的主体中，强调作为主体的人的个体存在形式，这种理解很难去解释人与人之间的关系，尤其是交往关系。而如果在处理人与人之间的关系时套用"主体—客体"图式，把一个和自身一样活生生的主体视为客体来对待，就会引发无法解决的理论和现实问题，会让人误认为这实际上把人当成了物，当成了活动的对象，完全忽视或消解了对方的主体性，也暗含着不尊重或不能平等相待的态度。

"主体间性"是为解决传统主体性哲学的问题和困境而提出来的。按法国哲学家萨特的理解，主体间性就是指"作为自为存在的人与另一作为自为存在的人的相互联系和和平共存。……主体间性不仅是个人的，因而人在我思中发现了自己，也发现了他人，他人和我自己的自我一样真实，而且我自己的自我也是他人所认为的那个自我，因而要了解自我就要与别人接触，通过他人来了解自己的自我，通过我影响他人来了解我自己，因而把这种人与人相互联系的关系称为主体间性的世界。"①萨特是存在主义者，他所理解的主体间性是两个自为存在的人的和平共存，人与人相互发现、相互关联的一种性质。

当然，哈贝马斯对主体间性的理解主要还是受到胡塞尔的影响。由于主

---

① 金炳华：《哲学大辞典》（修订版）（下），上海辞书出版社 2001 年版，第 2037 页。

体间性是当代哲学的热点问题之一，前文述及，胡塞尔晚年也非常关注这个范畴，胡塞尔说："我在我周围的世界中发现其他人的有效性。要把他人作为人来经验时，我把他们中的每一个人都理解和承认作为一个像我自己一样的自我主体，并把它们理解为与周围自然世界相关。"①胡塞尔认为，主体间性是关于两个或两个以上的主体的，并且主体间是相互认可的，即能承认另一个像自己一样的自我主体，因而主体间性主要是指把单个主体扩展到复数的主体，这是由胡塞尔发端的。海德格尔、布伯以及哈贝马斯分别从存在主义、对话主义以及交往行为理论等角度进行了更为深入地研究。在他们的研究中，从哲学意义的主体角度看，可以看出主体观念的明显变化过程，即从本体论的"无主体"到认识论的"理性主体"，再转向生活世界的"交往主体"，或者从另一个角度看，即从"无主体"到"一元主体"转向"二元主体"乃至于"多元主体"。

胡塞尔虽然在认识论的意义上，用"类比统觉"来表征和推导"我"何以及如何走向"他人"，把唯我论扩展到交互主体，但是胡塞尔的主体具有先验论的色彩，即他的主体是先验的主体。受到胡塞尔影响，哈贝马斯也非常重视主体间性，但对哈贝马斯而言，如果依循胡塞尔的思维逻辑，现代性的难题是不可能得以解决的，因为胡塞尔的"主体间性"立足于"先验理性"与"先验主体"，"先验主体"和活生生的现实世界的主体之间是格格不入的，要克服和解决现实生活中的人面临的存在困境，就不能抽象思辨地谈论主体，因此要跳出胡塞尔的思维逻辑，对"先验主体"进行更新和改造，使"先验主体"变成"交往主体"。因此哈贝马斯所说的主体更偏于社会学意义上的主体，以主体与主体之间的联系与交往作为研究的中心课题，一开始就不是一个先验主体或先验意识，而是进行交往活动的经验性的主体。他所谓的"主体间性"，即处于交往关系中的人，均是主体，不能把人当作客体，不同主体之间具有独立平等性，这样才能相互尊重和理解，才能沟通、理解并最终达成共识，这种"主体间性"，克服了"主客二分"的绝对主义的思维局限，消解掉了主体与客体之间的紧张关系或者单方面的偏见与专制，强调的是两个

①　胡塞尔：《纯粹现象学通论》，李幼蒸译，商务印书馆1997年版，第91—92页。

或两个以上的主体间的性质，注重不同主体之间的诸种关联方式。

交往行动不仅是交互主体性的活动，更是一种基于交往理性的活动。因此要理解哈贝马斯的"交往行动"，还要剖析他的"交往理性"范畴。

哈贝马斯对"交往理性"的阐发，丰富和发展了西方的理性观。"理性"的英语词汇最早源起于希腊语词语"逻各斯"，后来成为哲学上广泛使用的术语。"理性"指人所具有的一种依循逻辑规则，进行具有说服力的判断、推理的智能或思维能力。近代以来，西方哲学界关于"理性"的理解和把握主要基于"笛卡尔范式"，笛卡尔开启了近代理性主义传统，这种理性主义 17—18世纪间风靡欧洲大陆，把人的理性作为人类的知识来源以及证实我们所知的一种手段，高于并独立于感官感知，理性便成为全部理性主义哲学共同承认的知识来源，在笛卡尔、康德、黑格尔等理性主义哲学家那里，人是理性的存在者，也就是他们都主张通过符合逻辑的推理而非依靠表象或经验而获得结论、知识和原则、发现真理。

但是和前文所述的主体性哲学相联系，笛卡尔所强调的"理性"包含有这样的前提，即主体和客体彼此独立、主客二分，理性则是主体认识、利用外部世界的一种能力，以一个自主的理性主体与作为客体的整个世界相对立。这可以说是西方普遍的"理性架构"，也被后来的研究者总结为"理性"的"单向理解"（monological understanding）模式，理性单一化了，仅成为工具理性，它所关注的是如何利用理性去主宰外部世界，而从不考虑理性的其他多种表现及各种形式应有的位置。哈贝马斯反对这种立足于主体"单向理解"的理性观，由于理性是现代性的哲学基础，因此哈贝马斯把着眼点放到对传统理性的批判和改造上，辩证地审视理性，认识其不足，但并不抛弃它，而是发展它的内涵，以理性拯救理性。哈贝马斯更倾向于后者。

他认为，人类社会中人的存在一开始就是复数的，应该重视"双向理解"（dialogical understanding）的交往行动。交往理性不是传统理性单向主客体关系的，而是多主体间的、不依赖于某一个主体，是交互主体性或主体间性的。交往理性才使得交往者之间取得共识、达成行为一致和建立社会秩序成为可能。交往行为的目的是达到主体间的理解和一致，要达成一致意见，必须在对话、语言等中遵循理性原则，这种以理解为目的的理性，哈贝马斯称之为交往合理性或交往理性（Communicative rationality）。这使得以自我主体为中心的理性，转向主体多元化的主体间交往理性模式。简言之，传统理性观是我们借助理性获得关于对象的知识，而交往理性则是主体和主体之间借助理性达成相互理解，交往理性不会摒弃主体中的任何一方，否则对话与互动即失去了意义。哈贝马斯也被有的学者称为"最后一位伟大的理性主义者"，因为他拓展了理性的潜能，相信理性可以重新建构社会的规范，实现人的价值。

哈贝马斯对"理性"概念的把握受到了马克斯·韦伯（Max Weber）的影响，韦伯认为对理性的分析离不开对社会行为的分析。受之影响，哈贝马斯也在社会行为的层面上考察理性，交往理性就是要寻找交往行为的合理根据。他认为，当一种行为是合理时，我们就说它是理性的，反之亦然。说到底，理性就是一种维持交往和行动得以继续的能力。哈贝马斯的"交往理性"概念，实际上暗含了对工具理性的批判。工具理性是目的性行为的理性，自亚里士多德以降，诸多哲学家认识并分析了这种理性。根据韦伯的阐释，近代启蒙运动中培育起来的理性观念应该包括两个层面：价值理性和工具理性。"工具理性"，韦伯也称之为"目的理性"、"功效理性"或者"效率理性"，亦即以目的取向、精确计算、功利动机、结果导向的一种理性，以是否解决问题、取得效果作为衡量标准的一种理性，具有工具崇拜和效果至上的色彩，工具理性体现了主体对客体的一种态度。

韦伯提出一种价值理性以批判这种工具理性，认为工具理性内在的是压制人的理性，外在的是征服、破坏和掠夺自然的理性，它从效果最大化的角度考虑，而漠视人的情感和精神价值，是忽视人文的、冰冷的理性。所谓的"价值理性"，关怀人性的、有意义的世界，注重行为本身所能代表的价值，甚至不计较实现这种价值所采用的手段以及是否达到预期的后果，体现的是对价值问题的理性思考。韦伯认为二者都是人的理性的不可分割的重要方面，只有结合起来才能导致理想的启蒙理性。哈贝马斯认为，交往理性中也包含着工具理性，或者说工具理性是交往理性的第一个层次，交往主体和事实世界的关系，是人们能够进行沟通和理解的第一步，也是整个交往行动的重要内容之一。作为交往理性的一个环节，工具理性本来不应被批判的，但是如果它从交往理性中抽离出来，独立出来，越来越膨胀，甚至压制交往理性的其他环节，摧毁交往理性达致相互理解的目的，这就是应受批判之处。把理性建立在主体间的相互交往基础上，哈贝马斯由此确立了基于主体间性的"交往理性"概念，在现实世界中把握理性，突破了在纯思维领域中把握理性的局限。

如前所述，哈贝马斯把行为分为四种类型：目的性（策略性）行为、规范性行为、戏剧性行为和交往行为。每一种行为类型都对应着不同的世界，目的性行为对应着作为可操纵对象的"客观的或外在的世界"，规范性行为对应着被社会认可的"社会的世界"，戏剧性行为对应着主体经验的"主观的世界"。三个世界可以分别被理解为：客观世界即客体世界，也就是实体的总和；社会世界则是基于合法规则的人和人之间关系的总体；主观世界是个体独有的优先经历过的事件的总体，简言之，就是物理事物的客观世界、法则与规范的社会世界和内在经验的主观世界。而交往行动显得非常特殊，它所对应的世界不是单一的，交往主体"从他们自己所解释的生活世界的视野"，"同时论及客观世界，社会世界和主观世界中的事物，以研究共同的状况规定。"① 换言之，交往行为与三个世界都有关联性，它处在三个世界构成的关系之网中，是与三个世界同时地、部分地产生关联的独特世界，也由此，交往行为较之于其他行为类型，应该说在本质上包蕴了更加丰富的理性内涵或理性类型。

交往是立足于人性本质的一种活动，是人存在于世的基本要求，要实现交往行动的合理化，必须要用恰当的语言来进行沟通交流，哈贝马斯也因此提出了独特的"普通语用学"。这和现代西方哲学的"语言转向"是紧密相关的。"语言转向"大大影响了哈贝马斯，他也充分认识到完成语言学转向，有可能走出哲学研究的根本困境。为什么"普通语用学"特殊呢？因为在以往的语言哲学家那里，有的人从语义学的角度研究语言，有的人从语法学的角度研究，哈贝马斯则立足于交往行动，将"语用学"的研究对象确定为交往中的言语行为，交往是"以言行事"。"这种交往实践的职责就在于，在一种

----

① 〔德〕哈贝马斯：《交往行动理论》（第 1 卷），洪佩郁等译，重庆出版社 1994 年第 1 版，第 135 页。

生活世界的背景下，争取获得、维持和更新以主体内部所承认的具有可批判性的运用要求为基础的意见一致。这种实践内部包含的合理性表现在，一种通过交往所获得的意见一致，归根结底必须以论证为依据。而这种交往实践参与者的合理性，是根据他们是否能按适当的情况论证自己的表述来进行衡量的。"①

哈贝马斯认为，在理想的言谈情境下，通过合理规范地使用语言，人们之间可以达到相互理解，并在非强迫的情况下形成共识，这种共识以主体间的相互关联为结果，是有交往能力的主体间在交流与沟通、协作与商谈、理解与宽容的基础上形成的。哈贝马斯又指出，承认不同的交往主体，包容其个性和特性，不意味着交往主体在运用语言中介时，可以不遵守任何规则，可以超越语言交往的有效性要求。他所理解的交往行为是主体间通过语言的交流，求得相互理解、共同合作的行为，它必须遵循有效的规范来进行。以这个理解为基础，他总结出真正的交往行动需要四个有效性认证，换言之，需要满足四个条件：第一，真实性，即言语行为在内容方面必须是真实的；第二，正确性，即言说者必须选择一种本身是正确的话语，以便听者能够接受之，从而使言说者和听者能在以公认的规范为背景的话语中达到认同；第三，真诚性，即言说者的表达必须真诚地表露自己的意向，以取得听者的信任；第四，可理解性，即任何言语都必须合乎语法，使听者、说者都可以理解。这是交往主体之间应该相互同意、普遍认同而且自觉遵守的规范。

这四个有效性原则缺一不可，只有言说者必须提供的是真实的陈述，言说者必须真诚地表达他的意向，言说者必须选择一种本身是正确的话语，以便听者能够理解和接受，主体间的沟通、理解、共识才成为可能。遵守这些有效性原则，就是交往理性的要求，或者说，这就是交往理性的某种具体化。因为语言虽然作为中介，但是它也是人们对客观世界的认知，也是对自我情感的展示和表达等等，从而包含了理性分析的诸多方面，提供理性诸方面的统一性，使得交往行为成为更具合理性内涵的行为。在这个意义上，交往理性就承担起了"用理性来拯救理性"的重任。哈贝马斯在交往行动基础上阐

---

① 〔德〕哈贝马斯：《交往行动理论》（第 1 卷），洪佩郁等译，重庆出版社 1994 年第 1版，第 34 页。

述理性原则，以此弥补了传统理性观的缺陷，批判了工具理性，阐扬了更符合价值理性的交往理性。

最后，也是极为重要的一点，对哈贝马斯来说，交往行动是运作于生活世界境域内的行为，缺乏生活世界，就无法说清楚交往行动，因此，对交往行动的考察是不能离开对生活世界的考察的，我们要进一步剖析交往行动和生活世界的关联性。哈贝马斯认为，生活世界不但是人参与其中的世界，而且是一个人与他人共在的、主体间性的世界。生活世界既是交互主体所共有的现实背景，又是主体间通过语言符号、在交往理性规约下补充建构的世界。"交往行动"根植于"生活世界"之中，所以"生活世界"这一概念是"交往行动"概念完备化的不可缺少的概念。

哈贝马斯说，生活世界是每一个交往活动的参与者必须置身于此的境域，我们每个人每天都要进行日常交往行动，这是我们生活最基本的、也是最真实的样子，我们可以脱离工作以及各种有利于发展的世界，但无法脱离的基本背景就是生活世界，同时又可以这么理解，生活世界是人们的日常交往建构起来的。用哈贝马斯的话来说，"在一定方式下，生活世界，即交往参与者所属的生活世界始终是现实的，但是只是这种生活世界构成了一种现实的活动的背景。"①生活世界也是主体间共同的生存经验、共同视野。作为行动主体间具体地、隐含的和共有的部分，作为为行动主体的相互理解提供可能性的建构性范围的总和，它作为背景是非对象领域；而生活世界作为背景，又对行动主体认识世界构成一种内在的限定。生活世界的各个段落，即状况，随着论题的移动，将因各段落的不同内容和意义、依照行动环境的需要而发生相应的移动。哈贝马斯的生活世界是交往实践的生活世界，从逻辑上而言其理论是不应具有先验性的。

虽然每个人有不同的生活世界，但存在一种总体性的"生活世界"，它是主体间相关联的视域的总和。生活世界的形成过程是一个从主体到客体，再到交互主体及至拓展到整个自然和社会的构造过程。生活世界是一个很难明

---

① 〔德〕哈贝马斯：《交往行动理论》（第2卷），洪佩郁等译，重庆出版社1994年第1版，第171页。

确表述的对象，从理性上我们可以理解到一个具有总体性的生活世界，但要追问其边界或界限，却又感到非常难以回答，生活世界中的很多部分是相互交叠的，其可能性范围是弹性的，当与其他主体交往时，他会从自己的生活世界的段落中调取一些相关片段，以与另一主体的生活世界的片段相交叠。在其中，个体的生活历史和交互主体的生活形式都一同交织在生活世界的结构之中，一同参与着生活世界的总体化过程。哈贝马斯将生活世界喻为各种要素混杂在一起的"灌木丛"，其中互相纠缠在一起的基本观点是没有经过反思的前形式或前结构，结合成一个整体存在着。

　　关于生活世界的要素，哈贝马斯在《交往行动理论》第二卷中进行了探讨。他首先对一些社会学家观点的局限性进行了分析，认为舒茨、卢曼等人局限于"一种文化概括"的生活世界概念，将文化置于生活世界的重心位置，将生活世界视为一种单纯的、文化传统的继续与更新；而杜尔克海姆、帕森斯又过于侧重生活世界的社会层面，强调整体化的、社会化的规范，米德则将生活世界囿于个人方面，将生活世界理解为形成个性和心理感受的世界。哈贝马斯则提出认为"文化、社会和个性"的复合性方案，认为生活世界本身有三个构成要素，"我把文化称为知识储存，当交往参与者相互关于世界上的某种事物获得理解时，他们就按照知识储存来加以解释。我把社会称为合法的秩序，交往参与者通过这些合法的秩序，把他们的成员调节为社会集团，并从而巩固联合。我把个性理解为是一个主体在语言能力和行动能力方面具有的权限，就是说，是一个主体能够参与理解过程，并从而论断自己的同一性。"① 文化是其中最重要的构成因素，具有历史性和沿袭性，是历史积淀下来的被人们共同遵循或认可的生活形式，是交往主体看不见、摸不着的背景，是主体之间要达成理解进而解释理解的根源依据的知识储备；社会更具象一些，它是交往主体所体验到的合法的秩序，人处于社会之中，是被调配的，是被社会塑造的；个性就是自我认同，是交往主体能够进一步的参与相互理解过程的前提条件。哈贝马斯对生活世界的这番解析，使得其生活世界的内

---

　　① 〔德〕哈贝马斯：《交往行动理论》（第 2 卷），洪佩郁等译，重庆出版社 1994 年第 1 版，第 189 页。

涵是非常丰富的，结构是极其复杂的。

哈贝马斯认为生活世界是以文化、社会、人格三个构成要素为主的意义关系网。这个错综复杂的意义关系网络，是在时间的长河中动态地生成和运作的，也面向未知的未来世界。从个体体验看，它是模糊的、不明确的、无法作为研究的对象的，但是哈贝马斯敏锐地捕捉到这个往往被忽视的、但却是活生生的、衍生出诸多领域的世界。与其构成要素相应，生活世界具有以下功能，即文化的传承，如生活方式、风俗习惯等、社会秩序的自发的、非强制性维系以及个体人格的形塑。

生活世界具有作为交往行动主体的"信念储存库"的功能。所谓"信念储存库"指能为主体互动提供"信念"，作为创造性见解的源泉，以满足在一定环境下产生的相互理解的要求。生活世界表现为自明性的或不可动摇的"信念储存库"，为交往主体提供内在的精神动力和源泉，生活世界的信念储存越丰富，越能为主体提供自信并显示出主体在交往过程中特有的优先地位。作为信念的背景是每一个人都拥有的，有的背景是多个主体共同拥有的，虽然在交往之间他们也无法明确地说出这个共同的背景。以语言为媒介、以三个世界为参照的生活世界以复杂而矛盾的形式，渗透到交往活动的主体之间，作为交往主体的前见，产生构成性的作用，使相互理解得以达成。哈贝马斯把生活世界储存性的知识，说成为"内含的"或"隐含的"知识，有较大的稳定性。哈贝马斯说明生活世界对于交往行动而言所具有的背景假设和信念储存库两大功能，表明他已为交往行动找寻到一个本源性的前提。简言之，生活世界提供了前人积累的背景，正是在这种可依赖的、熟悉的背景中，人们之间的相互理解才是可能的，正是这种相互理解在维系着交往行动。

总之，"无论从哪个角度看，生活世界的这种整体性都既不言而喻，又有待确证，同时也是一种陌生的存在，其中有许多值得重视的问题，如'人是什么'等。因此，生活世界是对我们再熟悉不过的整个世界的基础加以追问的自然源头。"① "但是，生活世界总是作为不成问题的、非对象化的和前理论的整体性，作为每天想当然的领域和常识的领域而让我们大家直觉地感知到。

---

① 〔德〕哈贝马斯：《康德之后的形而上学》，载《哲学译丛》1998 年第 2 期。

哲学总是以一种笨拙的方式同常识纠缠在一起。和它一样，哲学也是在生活世界范围内活动；它们和这种视界越来越模糊的日常知识的整体性之间的关系也很相似。"① "生活世界同时构成了言语情景的视域和诠释成就的源泉，而它自己也只有通过交往行动才能再生产。这里，关于生活世界的背景知识我感兴趣的是它的那种前述谓的和前范畴的独特性质；在胡塞尔那里，这种性质已经使他注意到日常实践和世界经验的'被遗忘的'意义基础。"②

当然哈贝马斯在论述生活世界，尤其是论述其功能等问题时也还带有先验的色彩。在涉及生活世界的背景功能时，哈贝马斯说，生活世界是听者与说者会见的先验的场所；在谈到生活世界的构成部分——文化传统时，哈贝马斯指出它是用以组织经验的"先验的解释"，在某种意义上使得生活世界成为先于交往行动主体的经验的、自明性的、无须再倚赖进一步条件的世界，成为前逻辑的、不依主体的意志为转移的世界。这个先验性的世界无法再继续追溯，只能理解为生活世界产生了它自己，即生活世界的再生产，当然这种再生产是受了交往行动的深刻影响的，生活世界是在社会空间和历史时间中不断自我生成和再生产的世界。

"文化、社会、个人作为生活世界的结构因素与文化再生产、社会统一和社会化的过程相适应。"③ 生活世界再生产指的就是文化再生产，社会一体化和社会化三个过程，这是生活世界的自我再创造过程，其实现需要三个过程的总体实现。一旦生活世界各再生产过程没有顺利地进行，或者在再生产过程中出现失调的情况，就会引发各层次的危机：文化再生产的危机表现为文化意义的丧失，文化传统不再能够提供一贯性和连续性的保证，已有的文化储存库不能满足随着新状况产生的相互理解的需要；社会再生产危机表现为社会混乱、冲突发生，社会现有的合法秩序不能给社会群体的联合与团结提供保证，不能满足新状况产生的协调主体间交往的需要；个性再生产的危机表

---

① 〔德〕哈贝马斯：《后形而上学思想》，曹卫东译，译林出版社 2001 年版，第 37 页。

② 〔德〕哈贝马斯：《在事实与规范之间——关于法律和民主法治国的商谈理论》，童世骏译，生活·读书·新知三联书店 2003 年版，第 27 页。

③ 〔德〕哈贝马斯：《交往行动理论》（第 2 卷），洪佩郁等译，重庆出版社 1994 年第 1 版，第 189 页。

现为心理病变，即主体的能力不足以维持共同界定的行动状况，个人的生活历史与集体的生活形式不能和谐一致。

第四节　生活世界与体系

生活世界自身的再生产只能表明其在既定的时空构架下的发展、变化和更新；而要对生活世界进行更全面更深刻的理解，哈贝马斯建议将"生活世界"与"体系"结合起来研究，并着眼于二者的动态分析。

"体系"这一概念，哈贝马斯主要有两个意指，其一，作为社会制度或组织秩序，从功能上影响人类生活、调节人类不同目的的生活方式和取向；其二，作为了解社会整体的分析方法，指研究者采取观察者的角度去分析和理解社会现象，把社会作为一个统一体去理解，重视其结构和功能的层面。换言之，指一种分析方法——"生活世界与体系"双重社会结构分析方法的一个方面。在生活世界的历史或社会进化阐释中，"体系"有第一种意思，但更多是作为第二种意指而纳入的，即作为双重社会分析结构的一方面起作用。"我把社会演变理解为两种秩序的一种区分过程，就是说，当一方面复杂性增长，另一方面合理性增长时，体系和生活世界不仅作为体系和生活世界区分，而且二者也同时相互区分。在社会学中构成了协约，要区别部落社会的社会演变的阶段，传统的社会或国家组织化的社会的社会演变阶段，以及现代社会的社会演变阶段（连同区分的价值体系）。"①

概言之，哈贝马斯从生活世界的合理性增长和体系的复杂性增长的相互推衍来将社会演进理解部落社会、传统社会和现代社会三个社会阶段或形

---

① 〔德〕哈贝马斯：《交往行动理论》（第 2 卷），洪佩郁等译，重庆出版社 1994 年第 1 版，第 206 页。

态，① 每个阶段或形态中生活世界和体系有不同的关系。

（一）生活世界与体系合一。在部落社会——包括平等式部落社会及等级化的部落社会——中生活世界与体系处于同体状态。哈贝马斯认为，这是一种理想的典型，"一种集体参与的类似的生活世界的草案，肯定是一种理想化；但是，原始社会由于它的家庭结构和神秘的意识结构，或多或少地接近这种理想的典型。"② 在部落社会中，体系整合和社会整合一致，密切交织，和谐统一，这源于整个部落社会本身就是一个社会文化的生活世界。生活世界的创造或体系的创立都在亲属体系中进行。哈贝马斯基于人类学的考查，认为：生活世界是"拥有亲属和拥有非亲属的互动领域"，而这就是社会总体的界限。

无论对哪个社会而言，经济体系和政治体系都是最一般性的下属体系，即子系统。所以可以主要从这两个子系统入手分析各社会阶段中生活世界与体系的关系状况。在部落社会中，经济流通的重要部分仍依赖于亲属体系，物质再生产是出于生活世界的自我维护的需要，它没有形成独立的体系结构的效果，主要经济活动是以年龄、性别等为标准，并且是在个人的权威之下进行专门活动及相互协作，带有经济色彩的交换是通过妇女交换来完成的，经济交换也因而打上了由婚姻关系缔结的血缘关系的烙印，从而使得体系与生活世界呈现出简单的同质的结构；从政治体系来说，不论是由于妇女交换而使家庭分化或通过联姻使部落复杂性增长，并形成落联盟的权力结构形式，还是部落本身在分层中的领导地位和权力的集中或分化，实际上并非建立在对政治权力的拥有上，而是建立在血亲群体的成员或集团通过自身神圣血亲等在谱系学基础上奠定的威望之上的，这一点也说明了生活世界和体系的合一状态。

（二）生活世界与体系分离。在传统社会中，政治体系首先从生活世界中

---

① 这里的社会阶段并非指实体存在的阶段，而是从一个分析角度，或者是从分析社会方便的角度而言，社会是可以理解为生活世界和体系的。

② 〔德〕哈贝马斯：《交往行动理论》（第2卷），洪佩郁等译，重庆出版社1994年第1版，第210页。

分离出来，其标志是国家组织机制的出现。随着体系复杂性的增长，个人威望已不能再维持社会的运作，从亲属体系亦即生活世界中逐渐分离出权力机制，此权力机制达到一定的统治水平时，遂出现国家权力子系统的发展成熟并分离出来，形成一套具有整体行动能力的组织制度，自主自觉地协调人与人之间的总体秩序；然而在传统社会（即等级社会）中经济子系统没有获得相应平衡的发展，直至资本主义社会在西欧建立，经济下属结构才从政治的附属状态分离出来，成了与政治子系统均衡的秩序，从而社会整体大体上保持着两个子系统的协调运作，保持着二者相辅相成的状态。而当资本主义发展到成熟阶段时，国家机器越来越依赖于拥有主导媒介的经济子系统，并且最终与其同化。

体系复杂性的增长与生活世界合理性的增长过程具有同步性。从体系层面看，社会之演化就是体系准确地说是其下属体系不断从日常生活世界中析出的过程，复杂性愈甚，其功能的完善愈甚，这里需要指出体系，分化和演化的条件，只有在生活世界合理化到一定程度时，体系才会出现复杂性增长。换言之，如果生活世界合理化程度低，就会阻滞体系的发展；从生活世界的层面看，生活世界的不断发展，其内容的不断丰富是由日益发达的体系来促成，而当体系过于庞大，生活世界服从体系的原则，其媒介为体系的媒介取代，那么生活世界就被体系侵入、分割或者同化，从而出现生活世界的殖民化，整个社会出现了病理现象。

（三）生活世界的殖民化。这个提法比较新颖，但实质内容与哈贝马斯前期提出的资本主义"合法性危机"、"公共性危机"等有着内在的相关性，是哈贝马斯对现代社会所做的病理学诊断。在《交往行动理论》"马克思和内部开拓的论题"一节中，哈贝马斯谈到了"生活世界的殖民化"，他用一个比喻的说法表述道："独立化的下属体系的命令，就会从外渗入生活世界——正如开拓的主人渗入一个社会——并且迫使它们同化。"在《现代性哲学演讲集》中，哈贝马斯这样表述："这两个在功能上相互缠绕的子系统，由于其内在动力使然，又反作用于那使它们自身成为可能的、理性化了的现代社会生活形式，而且是在这样一种程度上，即货币化与官僚化过程已经渗透到文化再生产、社会一体化和个性社会化的核心领域。"而在《现代性的地平线》和其他哈贝马斯的访谈录中"生活世界殖民化"的字眼多次出现，表明"资本主义现代化所遵循的模式，是一种使认识工具的合理性，越过经济和国家领域，而渗入其他交往结构的生活领域，并在这里靠牺牲道德实践和美学实践的合理性，而占据优先地位的模式。因此——在生活世界象征性的再生产中就发生了故障。"①

所谓生活世界的殖民化，指的是以货币和权力为媒介的经济和政治两个子系统以合理的形式不断侵入到交往行动领域，并在沟通性的生活世界中导致病理性的后果，换言之，即生活世界不断屈服于独立自主的、严密组织起来的行动系统，这一非耦合性畸变造成的结果是生活世界被侵袭、被腐蚀、被扭曲、甚至全面瓦解，从而引发诸多的社会问题：人性的裂变、自由的丧失、文化的虚无等。

可见，哈贝马斯不仅对生活世界的要素、结构、功能及其与交往行为的紧密联系进行了理论论述，而且正如他早期对资本主义合法性危机的分析一样，进一步分析了现代社会中的生活世界危机。如前所述，生活世界与体系之间是不断演化的，体系属于制度化领域，在人类社会的童年时期，体系尚未从生活世界中分化出来，和生活世界属于一种混沌的状态，随着经济和社会的发展，体系逐步独立，到了现代社会，两者彻底分离，经济运行体系、行政权力体系及社会规范体系形成了一些子系统，这实际上也是西方社会现代化进程的另一种表述，也是"再封建化"导致的公共性危机的另一种表述。

生活世界的殖民化是社会演化中体系与生活世界分离，并发展到极端的一种表现。在社会演化中，体系与生活世界本来就处于不断分离之中，哈贝马斯指出，体系与生活世界的分离是人类社会发展的必然结果，但是随着体系复杂性的增强，尤其是其中的两大子系统——经济子系统和政治子系统的发展越来越成熟、完备，它们的必备原则——金钱和权力在体系中居于越来越重要的支配地位。生活世界受到了以金钱或权力为表征的体系的入侵，渗

---

① 〔德〕哈贝马斯：《交往行动理论》（第2卷），洪佩郁等译，重庆出版社1994年第1版，第397页。

透到生活世界的各种关系之中，于是生活世界受控制，内部结构被破坏，各种典型的病态现象出现，如文化意义丧失、社会失序及个体彷徨。体系的金钱化和官僚化的趋向，是造成生活世界的殖民化的原因。

在《交往行动理论》第八章"最后的考察：从帕森斯、韦伯到马克思"中，哈贝马斯首先重新回顾和解释了韦伯对资本主义社会的病理学的两个诊断：生活的意义的丧失和人的自由的丧失。接着他把资本主义和现代国家机构理解为通过货币和权力媒介从生活世界的社会因素中分离出来的下属体系，并把生活世界区分为私人领域和公共领域，剖析了经济和国家下属体系同生活世界的私人领域和公共领域的交换关系，说明货币和权力主导媒介已经冲破生活世界的边界；哈贝马斯还从文化方面指出专家文化和公众之间已产生了距离，并威胁生活世界，使其贫困化。这一系列阐述实际上指向晚期资本主义社会的病态，都在说明同一个问题：生活世界的殖民化，即晚期资本主义社会的新变化使生活世界的组成部分在很大程度上被分化，传统的生活形式逐渐被摧毁；换言之，现代西方社会的生活世界的各个组成部分不仅全面分裂，而且也全部受到各种子系统（政治、经济、法律等）的侵蚀；生活世界再生产的各个方面，也被体系的规范和原则所同化。

哈贝马斯认为要具体地论述生活世界的殖民化是很困难的，因为"生活世界的殖民化"这一表述还停留于一个相对较高的抽象水平。为了避免这种抽象，哈贝马斯以"交往结构的行动领域的法律化"作为生活世界的殖民化的特例。现代社会中法律增长的这种趋势表明在西方社会中，一切日常实践的行动领域和行为关系都是按照现代法律的形式建构的，他还特别举出学校、家庭等社会细胞，本来都属于生活世界的私人或公共领域，如今在发达工业社会中它们被法律化了，都各自遵循一套法律，这点就表明子系统对生活世界的侵蚀已到了无以复加的地步。

如前所述，现代后工业社会面临的问题是生活世界的殖民化问题，生活世界存在的范围日益缩小，并在其存在的方式上被体系的规范和法则所控制、所支配。但是，哈贝马斯认为对此不应该持悲观的态度，因为生活世界本身通过交往行动能够有自我恢复的机制。作为法兰克福学派的第二代核心人物，哈贝马斯对资本主义社会的危机和病症和他学术共同体的同仁们一样关注，哈贝马斯吸收了社会系统论和交往理论的新成果，建立了交往行动理论，它也成了哈贝马斯思想的又一个重要标签。归结起来，哈贝马斯和法兰克福学派的诸多学者都把批判的矛头指向了启蒙运动以来的工具理性，但他引入交往理性，指出对传统理性要进行考察和批判，"主体哲学"要转换为"主体间哲学"，这样才能使"生活世界的殖民化"重新走向"生活世界的合理化"。

第五节　生活世界与公共领域

"生活世界殖民化"的思想和哈贝马斯前期的"公共性危机"思想是一致的。他以"生活世界"为中心的公共性就是其以"公共领域"为中心的公共性的话语前提和深层支撑。

哈贝马斯 1961 年写《公共领域的结构转型》，后来被英美世界挖掘，"公共领域"范畴风靡全球，但是哈贝马斯本人倒已经转到其他研究领域了。在形成其标志性的"交往行动"理论之后，到了 20 世纪 90 年代，哈贝马斯又在《在事实与规范之间》等一些论著中或多或少返回到对公共领域的探讨，以使公共领域理论和生活世界理论相辅相成，相得益彰。如果说 20 世纪 60 年代哈贝马斯是忧心忡忡的，他还没有找到化解资本主义合法化危机的途径，而且他也没有想到"公共领域"后来在英语世界居然流行起来，成为一种解释社会的重要范式，因此，他转而去研究别的主题，就像在射击场上立了一个靶子，却换一个靶子去射击了。"公共领域"似乎被他遗忘了，在学界对"公共领域"探讨得如火如荼时他也没有贸然地回归这个研究主题。但是，在30 年后，哈贝马斯却推出了一个大部头著作——《在事实与规范之间》，在其中我们则可以发现，他不仅没有遗忘"公共领域"，而且在交往理性的层次上对之进行了改造和发展，他对"公共领域"的理解更完备了。

如前文反复论证过的，哈贝马斯对交往行动的阐述，离不开"生活世界"

概念。哈贝马斯说："如果交往行动不根植于提供大规模背景共识的生活世界的背景中，这样的风险就会使倾向于彼此理解的语言的使用不能实现社会整合。起始之时，交往行为就被置于共享的、没有疑问的氛围之中；同时，它们也从早就熟悉的那些资源中获取养分。"① "我笼统地把政治公共领域作为一种交往结构来谈论，它通过其市民社会基础 [zivilgesellschaftliche] 而植根于生活世界之中。"② 虽然后期哈贝马斯更多地阐述的是生活世界的思想，但是，交往行动所形成的就是公共领域，公共领域就是一种交往结构，它们只是对同一过程的不同表达而已。既然交往行动植根于生活世界，显然，公共领域也是植根于生活世界的，生活世界如果被殖民化，公共领域就会衰落。哈贝马斯对公共领域概念及其政治功能作出了许多新的理解，以适应晚期资本主义合法性重建的需要。

他提出了关于公共领域的两个比喻，从中可以看出他对公共领域的新理解："我把政治公共领域描绘为那些必须由政治系统来解决——因为在别处得不到解决——的问题的共振板。就此而言公共领域是一个预警系统，带有一些非专用的、但具有全社会敏感性的传感器。从民主理论角度来看，公共领域还必须把问题压力放大，也就是说不仅仅察觉和辨认出问题，而且令人信服的、富有影响的使问题成为讨论议题，提供解决问题的建议，并且造一定声势，使得议会组织接过这些问题并加以处理。"③

由此可见，第一个比喻是将公共领域比喻为一种"共振板"（sounding board）。确切地说，"共振板"是关于作为交往结构的公共领域的功能的一个隐喻，这个隐喻非常贴切。哈贝马斯前期认为现代公共领域的功能在于政治批判，也就是作为政治系统的批判者而出现的，它与公权领域对立，和公权领域存在着根本性的紧张关系。哈贝马斯后期则认为公共领域的功能不仅仅

① 转引自熊光清：《网络公共领域的兴起与话语民主的新发展》，载《中国人民大学学报》2014 年第 5 期。

② 〔德〕哈贝马斯：《在事实与规范之间——关于法律和民主法治国的商谈理论》，童世骏译，生活·读书·新知三联书店 2003 年第 1 版，第 444 页。

③ 〔德〕哈贝马斯：《在事实与规范之间——关于法律和民主法治国的商谈理论》，童世骏译，生活·读书·新知三联书店 2003 年第 1 版，第 444 页。

局限于批判，不局限于解除意识形态的扭曲，而且也具有与公权领域凝聚共识、确认公权领域的合法性的功能。公民在公共领域中进行沟通时，能对彼此都关心的公共事务达成共识或者理解的可能性，能对公共权力的运行产生一种共鸣，促进公共性问题的解决，在这里，哈贝马斯注意到或强调了公共领域和公权领域同一、相容的一面。

其二，公共领域也是社会问题的"预警系统"和"传感器"。除了前文提及的"共振板"，哈贝马斯还将"公共领域"比喻成"带有传感器的预警系统"（warning system with sensor），它可以说是"共振板"的姊妹隐喻。这个比喻指的是公共领域像传感器一样，具有高度的敏感性，只要感应到或捕捉到社会问题，就能据之向公权领域做出预警。公权领域作为从生活世界分离出去的体系的一个重要组成部分，它与生活世界之间已经产生了比较大的距离，对有无社会问题、社会问题的严重程度等出现了陌生感、疏离感，公共领域的任务就是先辨认和觉察——即捕捉到这些社会问题，并通过交往行动讨论这些问题，因为"对于一种公共意见的形成来说，一种共同进行的交往实践的规则具有更重要的意义"①，从而使得社会问题凝练成一些议题，并提供解决问题的建议，然后比较重要的是要将这些"与公众有关的议题的可理解的、具有普遍兴趣的提议"②进行放大，造成一定的声势和影响，其实也就是造成公共舆论，引起公权领域的注意，使得政治系统接手问题并加以处理。在这个意义上，公共领域基本的政治功能是，它不仅要捕捉社会问题，而且还要放大问题，使得社会问题能够向上传递，进入到公权领域，才能促成社会问题的解决。简言之，公共领域连接公众与公权领域，将社会问题传导到相应的权力机关，以求获得公共权力机关积极的反馈。

哈贝马斯并没有认为公共领域无所不能，无所不包，恰恰相反，公共领域尤其是现代社会中的公共领域，是有局限的，它无法取代公权领域进行政

---

① 〔德〕哈贝马斯：《在事实与规范之间——关于法律和民主法治国的商谈理论》，童世骏译，生活·读书·新知三联书店 2003 年第 1 版，第 448 页。

② 〔德〕哈贝马斯：《在事实与规范之间——关于法律和民主法治国的商谈理论》，童世骏译，生活·读书·新知三联书店 2003 年第 1 版，第 450 页。

治决策，不能真正地解决问题。公共意见不能等同于公共决策，从公共意见到公共决策，显然还有很长一段路要走。正式的决策仍旧需要公权领域或政治系统通过规范的程序来完成，因为每个人都有自己的生活世界，往往就自己熟悉的生活体验的议题进行探讨，所以所形成的公共意见是初步的、不规范、不系统的，它还需要集中、筛选和整合，才能形成公共决策，才可能对整个社会具有广泛的约束力。虽然公共领域不能代替公权领域所具有的独特功能，但它能提高问题解决的实效性，使政治过程面向纷繁复杂的社会生活保持包容性和敏感性。

　　哈贝马斯认为，公共领域之所以对社会问题比公权领域更为敏感，是因为公共领域离私人领域非常近，而公权领域则与之有较远的距离。借助于生活世界理论，哈贝马斯对公共领域和私人领域的关系的理解更为清楚。在引入"生活世界"范畴之后，哈贝马斯认为无论是公共领域，还是私人领域，都是植根于生活世界之中的，生活世界都是它们的源生地，而公共领域是从私人领域中分化出来的，仍然没有脱离私人领域。公共领域的承担者是"一个从全体公民中吸收新成员的公众集体"，但"只有'私人的'生活领域才拥有一种生存论语言〔exitentielle Sprache〕，用这种语言，那些社会问题可以根据一个人自己的生活史来进行评估。公共领域中所表达的问题，只是在个人生活体验的镜子之中，才可以被看出是一种社会性痛苦压力的反映。"① 公众是拥有双重身份的，他们将源自各自生活世界的私人体验带到公共领域，亦即"将议题之流从一个领域传输到另一个领域"，"人们在生活史中感受其共鸣的那些社会问题，经过私人方式处理后，成为公共领域的新鲜而有活力的成分"②。人们之所以会对某些议题产生公共的兴趣并保持关注和讨论，主要还是由于他们从活生生的私人生活经验出发，私人经验的交换，构成了公共性的一个组成部分。

---

　　① 〔德〕哈贝马斯：《在事实与规范之间——关于法律和民主法治国的商谈理论》，童世骏译，生活·读书·新知三联书店 2003 年第 1 版，第 452 页。
　　② 〔德〕哈贝马斯：《在事实与规范之间——关于法律和民主法治国的商谈理论》，童世骏译，生活·读书·新知三联书店 2003 年第 1 版，第 453 页。

哈贝马斯说，过去几十年的重大议题的形成过程就是公共领域为公权领域捕捉信息的最好证明，"日益加剧的核军备竞赛；和平利用核能或其他大规模技术项目和像基因研究这样的科学实验所包含的风险；负担过重的自然环境中的生态危险（森林毁灭、水质污染、物种灭绝等等）；第三世界的急剧贫困化和世界经济秩序的种种问题；以及女性主义的问题，日益加剧的移民现象、连同人口种族构成和文化构成的变化的问题，等等。这些问题几乎没有一个首先是由国家机构、大型组织或社会功能系统的代表者所提出来的。"[①]这些关乎大多数人幸福和命运的议题，主要是人们在公共领域首先提出来的，并通过大众传媒不断地放大其获得的信号，扩大它们的影响力，"使得这些问题得以面对更大范围的公众"，由于这些议题引起了如此广泛的关注，乃至于获得了公权领域的关注，使得公权领域接手这些议题，并着手对这些议题进行正式处理。也就是说，公共领域的功能不在于直接解决问题，而在于传导公众声音，使其和公权领域实现有效的对接，最终上升并进入到国家权力领域，能够"用来监督政治系统之内对问题的进一步处理"[②]，并促使国家政权机关及相关的政治系统着手去处理问题，从而使公共领域所反映的那些问题得到有效的解决。

哈贝马斯还针对公共领域提出了一个概念，即"变动性空间"，或者又被译为"再造空间"[③]，变动性空间（umbauten Raumes）是一种建筑学层面的隐喻，比较典型的如"论坛"（forums）、"舞台"（stages）和"赛场"（arenas）

---

① 〔德〕哈贝马斯：《在事实与规范之间——关于法律和民主法治国的商谈理论》，童世骏译，生活·读书·新知三联书店 2003 年第 1 版，第 470 页。

② 〔德〕哈贝马斯：《在事实与规范之间——关于法律和民主法治国的商谈理论》，童世骏译，生活·读书·新知三联书店 2003 年第 1 版，第 445 页。

③ 国内有学者从概念翻译的角度指出，在英文版中，雷吉（William Rehg）将该词表述为"structured spaces"，按照德文原意，更应该表述为"restructured spaces"，因为哈贝马斯的公共领域，在某种意义上是反结构化的，不太可能会是一种"structured space"，而且"umbauten"一词是 umbau 的衍生词，作为定语意指变动的、改造的、重构的、升级换代的，不过"变动性空间"的汉语表达，更加符合公共领域作为一个开放性公共空间的特征，仅仅用"再造空间"或者"重构的空间"，内涵并不明了。此外，在中文版中，童世骏译为"围墙内空间"。本书认为，"变动性空间"的译法更为贴切，因此在此采用。

等，它们的共性是进入与退出是非常自由的，哈贝马斯借用"变动空间"的说法表达公共领域的开放性、可渗透性、移动性等特征，公共领域不是一个既定不变的领域，而是时时处处在发生变化的领域，"它作为日常交往行动中所产生的社会空间，其所蕴含的'公共性'历经坚持殊异观点的各个主体之反思与智慧的碰撞，在自由平等的开放格局下通过商谈而达成多元交叠共识。这种共识弥合群体的分裂，勾连各个主体组成联合体，调节公民与社会和国家之间的关系，形成和谐交往的第三空间，最终促成的公民政治概念都体现为是开放而又多元的社会公共领域之必然。公共领域因此必然是一个体现自由、公意、法律、秩序相结合的、具有道德意味的话语共同体，并在公民相互之间的观照生活安排中，体现对公民之自由与政治共同体（community）之秩序的整全式考量。"① 公共领域是一种通过交往行动而产生的社会空间，虽然它必须包含着保持自身的必不可少的要素，但它却并不因此而封闭，反而以开放的、可渗透的、移动着的视域为特征，这种具有主体间性意味的交往结构原则上可以不断扩张。

哈贝马斯认为，公共领域能发现社会问题，并向公权领域输送，和公权领域保持共振，亦即和公权领域有某种共识，这些功能都是在主体间的交往情境中实现的。如此一来，在交往理论基础上重构的政治公共领域，在政治和生活世界之间架起一座桥梁，并确立了三者在社会结构中的稳定秩序。"商议性政治与一个呼应这种政治的合理化生活世界情境之间存在着内在联系。这既适合于建制化意见形成和意志形成过程的形式程序所支配的政治，也适合于仅仅非正式地发生于公共领域网络之中的政治。"②

公共领域与公权领域的相辅相成、不可或缺实际上减除了公众的压力，"使公众卸掉了决策的负担"（决策活动交由决策者建制去进行），公众只需要对公共事务发表自己的意见，他们"所表达的意见被按照议题和肯定／否定观

---

① 傅永军、汪迎东：《哈贝马斯"公共领域"思想三论》，载《山东社会科学》2007 年第 1 期。

② 〔德〕哈贝马斯：《在事实与规范之间——关于法律和民主法治国的商谈理论》，童世骏译，生活·读书·新知三联书店 2003 年第 1 版，第 375 页。

点而进行拣选；信息和理由被加工为成为焦点的观点"。[①] 这些"焦点的观点"是公众为了守护生活世界的私人价值而指向国家公共权力的，具有鲜明的价值取向，而没有社会生产领域和交换领域的功利目的，也没有家庭等领域的亲密性和私密性，因而是一种具有独特的公共性和批判性的公共意见，以限制公共权力，因而，批判性依然是公共领域的精髓。在这样的理解基础上，哈贝马斯这样来反复地说明公共领域："公共领域最好被描述为一个关于内容、观点也就是意见的交往网络；在那里，交往之流被以一种特定方式加以过滤和综合，从而成为根据特定议题集束而成的公共意见或舆论公共领域的特征毋宁是在于一种交往结构——是在交往行动中产生的社会空间"[②]，"这个空间原则上是一直向在场的谈话伙伴或有可能加入的谈话伙伴开放的。也就是说，要阻止第三者加入这种用语言构成的空间的话，是需要采取特别预防措施的"[③]。

在公共领域中形成的公共意见本身没有权威性，它不是公共权力，对社会各个方面并没有实质上的约束力，交往主体形成的公共意见所起的作用只能是影响。[④] 公共领域并不以取消或获取公共权力为己任，也不以控制国家公权领域为宗旨，"一种或多或少以商谈的形式、在公开争论中产生的公共意见所具有的影响，当然是一种可以起举足轻重作用的经验变量。但只有当这种舆论政治影响通过民主的意见形成和意志形成过程的建制化程序的过滤、转化成交往权力、并进入合法的立法过程之后，才会从事实上普遍化的公共意见中产生出一种从利益普遍化的角度出发得到了检验、赋予政治决策以合法性的信念。"[⑤] 公共领域离不开宪法等规范性法则的保护与引导，在法律的框

[①] 〔德〕哈贝马斯：《在事实与规范之间——关于法律和民主法治国的商谈理论》，童世骏译，生活·读书·新知三联书店 2003 年第 1 版，第 448 页。

[②] 〔德〕哈贝马斯：《在事实与规范之间——关于法律和民主法治国的商谈理论》，童世骏译，生活·读书·新知三联书店 2003 年第 1 版，第 445 页。

[③] 〔德〕哈贝马斯：《在事实与规范之间——关于法律和民主法治国的商谈理论》，童世骏译，生活·读书·新知三联书店 2003 年第 1 版，第 447 页。

[④] 〔德〕哈贝马斯：《在事实与规范之间——关于法律和民主法治国的商谈理论》，童世骏译，生活·读书·新知三联书店 2003 年第 1 版，第 459 页。

[⑤] 〔德〕哈贝马斯：《在事实与规范之间——关于法律和民主法治国的商谈理论》，童世骏译，生活·读书·新知三联书店 2003 年第 1 版，第 459 页。

架下，公权领域发挥其国家强制力的职能，以避免公共领域偏离正确的轨道，保障社会的健康运行。

公共领域根植于生活世界，生活世界是它的源生地，或者说生活世界就像公共领域的蓄水池一样。人们之间的交往行动就是在生活世界的地平线上进行的，他们在自己早已熟悉的世界里交往，自然而然地使用日常生活的语言，生活世界塑造了每一个交往主体。从某种意义上来说，公共领域与生活世界的再生产相辅相成。"生活世界作为整体构成了交往行动网络。在行动协调的方面，它的社会成分包括合法有序的人际关系的总和。它也包括专门履行特定功能的集体、联合体和组织。这种功能性专门化行动系统中的有些，渐渐自成一体而独立于社会性整合的行动领域、也就是通过价值、规范和理解而整合的行动领域，并形成自己的代码，如经济系统中的货币，行政系统中的权力。但是，通过导控媒介的法律建制化，这些系统仍然根植于生活世界的社会成分之中。法律的语言把生活世界交往从公共领域和私人领域中带出，并赋予这样的形式，通过这种形式这种信息也可以从自我导控的行为系统的角度加以接收——反之亦然。没有这种转换器，日常语言是无法在全社会范围循环的。"[1]哈贝马斯还强调："决定性的理由必须在原则上能够为所有分享'我们的'传统和强有力价值态度的成员所接受。"[2]这些表述都是对公共性为何发生和如何发生进行前提考察和过程分析。换言之，时隔三十年后哈贝马斯再谈公共领域，他的落脚点是回答公共领域何以可能的问题，也为公共领域如何得以重建殚精竭虑，总体上，哈贝马斯前期、后期公共性思想之间形成了一个话语贯通与逻辑关联，他的公共领域理论大大地丰富和发展了。

哈贝马斯反思自己早年的公共领域思想，对其中不合理的部分进行了调整和修改，后期哈贝马斯更愿意把公共领域一般地理解为通过其自身的市民社会基础而植根于生活世界之中的一种交往结构，作为一种交往结构，公共

---

① 〔德〕哈贝马斯：《在事实与规范之间——关于法律和民主法治国的商谈理论》，童世骏译，生活·读书·新知三联书店 2003 年第 1 版，第 438—439 页。

② 〔德〕哈贝马斯：《在事实与规范之间——关于法律和民主法治国的商谈理论》，童世骏译，生活·读书·新知三联书店 2003 年第 1 版，第 133 页。

领域更加注重进行交往的主体遵循理性交往和话语商谈基本原则，要求参与商谈的人们必须坚持"平等交往、关注世俗、公开讨论"之公共精神，对现行的政治系统进行理性的反思、监督和批判，以公共事务为主题，进行自由对话和讨论，整合成公共意见，凝结成公共舆论，再通过公共舆论去约束公共权力，为政治系统提供具有民意基础的、参考性的问题解决方案。

除了上述具有内在严密逻辑性的阐述之外，哈贝马斯还有一些零星的公共领域观值得一提。比如在《公共领域的结构转型》一书中，他重点阐述了资产阶级公共领域，而在《事实与规范之间》一书中，他认为只提到资产阶级公共领域是有问题的，忽略了同时兴起的平民公共领域，这两个领域之间是唇齿相依的。再如，他还提出所谓的"世界公共领域"。在前期的公共领域理论中，哈贝马斯的理解更多以英国、法国、德国为蓝本，主要探讨了欧洲国家的公共领域，显得缺少了世界性的维度，因此有人批评他是个欧洲中心论者，削弱了公共领域在全球范围内的普适性。后期哈贝马斯进行了拓展，提出了所谓的后民族结构，超越固有的民族国家框架，认为全球政治公共领域，亦即世界公民社会也是可能的，而且基于20世纪90年代全球化的真正启动，这样一个"世界公共领域"的出现也是必然的。

哈贝马斯长期地迷恋"民主"这个充满魔力的政治哲学范畴，民主的合法性资源，这一直都是哈贝马斯努力论证的课题。公共领域与公权领域的双轨式分工，共同建构了商谈民主的运作框架，这是化解资本主义合法化危机的途径，也是生活世界再合理化的途径。哈贝马斯前期和后期的公共性思想相互呼应，他早年开启的哲学研究路向以及设置的问题域，后期则执着地用厚重成熟的理论进行了回应和解答。"现代民主制度应该被设想成这样：立法、司法和行政制度的综合体形成核心，而生活世界中的社会团结形成外围，生活世界的动力通过公共领域在其入口处的'闸门'流向中心，用创新规范或建议来影响它们，在某种程度上能够对行政管理进行改革，甚至是民主化。"①

---

① 〔英〕佩里·安德森、〔德〕尤根·哈贝马斯：《规范事实》，湖北人民出版社2009年第1版，第339页。

　　哈贝马斯所理解的或所倡导的民主也被称为话语民主，也就是商谈民主、协商民主，这与不少学者认同的直接民主或者大众民主大相径庭。直接民主或大众民主是公众直接与公权领域对接，其中隐含着自下而上的多数人的暴政或者自上而下的极权主义的危险。商谈民主是公众借助公共领域为中介，通过和公权领域发生关联，使得公众和公权领域之间有一个缓冲地带，如果两者的关系紧张，矛盾冲突尖锐，缓冲地带可以有所化解。如果公权领域要形成决策，它可以从公共领域中获取公共意见，汇聚之后进一步过滤和论证，保证这些意见更具有合理性，适合向整个社会贯彻实施。公共领域和公共权力系统之间形成有效的互动机制，当然公共领域是话语民主形成的首要依托。20世纪90年代哈贝马斯重新将公共领域作为其商谈民主理论的基本前提，借助公共领域的源生地——生活世界，他对重构公共领域充满了信心。

第四章　哈贝马斯公共性思想反思：理论视角

哈贝马斯公共领域理论拓展了人们对社会关注的角度，他关于"公共领域"的探讨意义是深刻的，其影响力遍及哲学社会科学的各个领域，如社会学、哲学、心理学、语言学、政治学、思想史等，极大地推动了哲学、新闻传播学、文学、社会学等多个领域的学术创新。哈贝马斯的理论有其价值所在，但也招致论者对它的种种质疑和挑战，引起过持久而广泛的争论。在很多关于热点问题的论战中，哈贝马斯都是或被视为中心人物，可以说哈贝马斯的理论支配着当代公共哲学的论争。在这一过程中，虽然并非人人都接受他的理论，但是毋庸置疑，很多不同的观点是在研究他、回应他的过程中产生的。

第一节　公共性：理想性与现实性

哈贝马斯的公共性思想，尤其是其中的公共领域理论被人质疑最多的是：它是一种理想类型。

托马斯·麦卡锡（Thomas McCarthy）是英语世界影响很大的哈贝马斯研究者，他问道："这里的问题是：这是否是一个民主理论的现实的规范理想？……实践商谈的思想和合理共识的思想——无论多么理想化——对于政治争论和集体意志形成是否是合适的模式？"① 麦卡锡对哈贝马斯的评价是，他的理论归根结底是对人类社会的一个美妙设计，是一种理想蓝图，但理想是理想，现实是现实，现实很难符合理想。哈贝马斯甚至思考公共性是否能够在全世界范围内实现，设想公共性 / 公共领域不仅是在民族国家之内存在，也有可能形成世界公共领域，并以欧盟的一体化进程为典型范例，但是欧洲一体化面临的困难重重，仅仅是区域性的公共性仍旧是个值得争议的问题，更不用说世界公共领域了。仅从单个国家角度讲，公共领域的存在也面临许多现实困难，交往行动所建立的难道不只是一个理想的、"纯净"的对话空间吗？麦卡锡质疑道，一个真正的公共真的存在吗？即使它是存在的，又是什么能够保证它可以达成共识或相互理解呢？

利奥塔（Jean-Francois Lyotard）也抱有类似的困惑，认为哈贝马斯没有充分考虑到世界的丰富多彩，更没有充分考虑到人类世界的不可预测性——"相对于一个透明的理想而言，它是构成不透明性的一个因素，它推迟了共识的时刻"②。

文森特·莫斯可（Vincent Mosco）也问道："公共领域到底是什么？或者，既然流行的说法是把它当成领域，那么，它在哪里？"他认为，按照哈贝马斯的观点，公共领域显然不是一个实体，不像其他的客观存在物一样可以通过感觉直接感知的，我们根本无法指出它到底在哪里，"由于这个困难，仅仅关于公共领域之内有什么、之外又有什么就造成了立场的千变万化。"③ 莫斯可指出，公共领域的存在本身就是虚无缥缈的。

Seyla Beubabib 在自己发表的《公共领域的模型：汉娜·阿伦特、自由主义传统与尤根·哈贝马斯》一文中，对当代西方政治学说中最有影响的公

---

① Thomas McCarthy1992: "Practical Discourse: On the Relation of Morality to Politics", *Habermas and the Public Sphere*, The MIT Press, P52.

② 〔法〕让－弗朗索瓦·利奥塔尔：《后现代状态：关于知识的报告》，车槿山译，生活·读书·新知三联书店 1997 年第 1 版，第 131 页。

③ 〔加〕文森特·莫斯可：《传播政治经济学》，胡正荣、张磊、段鹏等译，华夏出版社 2000 年第 1 版，第 164—165 页。

共领域理论进行了梳理，总结出三大类型，它们分别是：以布鲁斯·阿克曼（Brace Ackerman）为代表的"合法主义"模式（the legalistic model of public space），以汉娜·阿伦特为代表的"市民的美德"模式（the civic virtue model of public space），以及以哈贝马斯为代表的"推论"模式（the discursive model of public space）。其中确实表达了对哈贝马斯的敬意，但是也提出了自己对公共领域的理解：它是哈贝马斯通过逻辑思维推导出来的，是一种理想模式。

Frederic Wakeman 将哈贝马斯的"公共领域"和韦伯的"新教伦理"相提并论，指出公共领域和新教伦理的共性在于都是社会哲学家的理想类型，而不是一种现实描述。

雅克·德里达（Jacques Derrida）将公共领域形象地比喻成"虚拟幻影"，认为哈贝马斯的学术构想与其说是理想构型，不如说是"幻想"、"空想"。

我国不少学者也提出了类似的看法。汪晖指出："哈贝马斯设想的公共领域的自由主义模式产生于长期的历史分化过程，最后呈现为一个由私人集合而成的公众的领域"；曹卫东认为："尽管我们用尽各种方法来确定领域的特定含义，其中仍然存在严重问题。""哈贝马斯不但建立起了自己独有的跨学科的内在批判这一方法论模式，而且还找到了批判现代社会的一个契机，这就是作为一种理想类型的'公共领域'，从而使得他能够沿着自己的思路建构其社会进化模式，即社会交往模式"。[①] 有的学者结合现实指出，哈贝马斯所描绘的公共领域是公共生活的理想状态，纯粹的公共生活只存在于理论的构想中，现实社会中公共生活与政治国家、私人生活之间的界限时常是模糊的，相互之间存在着渗透、转移之处。有论者认为哈贝马斯对理想情境的设定，只是代表了一种知识分子的正义和良知，并不能揭示社会发展和社会系统运行的根本动力。此外，还有论者认为哈贝马斯试图借助"体系和生活世界"双重模式和"交往理性"概念，使以语言为媒介的交往行动合理化，重建合理的生活世界，这带有一定的乌托邦理想的色彩；对于疗治病理而言，无论在宏观战略上，还是在具体途径上，都不太具备实践有效性；甚至有人批评

---

① 曹卫东：《从"公私分明"到"大公无私"》，载《读书》1998 年第 2 期。

说，他用理性去重构社会的规范和价值，而再没有比完全建立在理性尺度上的社会更令人担忧的了。

可见，中外学者在这一点上可以说众口一词：哈贝马斯关于媒介"公共性"的想象带有很大的理想色彩。"幻想"、"理想"、"想象"、"虚幻"、"幻影"、"虚无缥缈"、"海市蜃楼"等这些词汇与哈贝马斯的公共性思想如影随形，简言之，它可以说是一种"乌有之乡"——"乌托邦"，是不现实的，以理想的话语情境为标准来批判现代社会，只不过是理性对社会的外在强加，这样的逻辑是不合理的。那么，如何看待论者对哈贝马斯提出的批评呢？

本章试图就这个问题提出自己的看法，即哈贝马斯的公共性思想，既是规范性的又是描述性的，这不仅体现在他前期所探讨的核心范畴"公共领域"上，也体现在他后期所探讨的核心范畴"生活世界"上。

公共领域是一种理想类型，这是哈贝马斯的一个基本观点，也是哲学层面的公共领域范畴的应有之义。哈贝马斯本人并不讳言公共领域的理想化色彩，也明确地提出"资产阶级公共领域的理想模型"。2000 年，哈贝马斯接受了我国学者章国锋的访问，他正面回答了人们对理想型的质疑，明确地说，决不能把"乌托邦"（Utopia）与"幻想"（illusion）等同起来。建立在无根据的想象之上的，那就是一种幻想，是永远无法实现的，而"乌托邦"则不同，它蕴含着希望，体现了对一个与现实完全不同的未来的向往，为开辟未来提供了精神动力。"乌托邦"的核心精神是批判，批判经验世界和现实生活中诸多不合理之处，并提出可供选择的方案。它意味着，我们还得相信社会进步的逻辑，现实虽然充满缺陷，但应相信现实同时也包含了克服这些缺陷的内在力量。

当我们来反思哈贝马斯的回应，显然其关键是对"乌托邦"该如何理解。"乌托邦"在人类的思想史上常常出现，人们对它提出了各种各样的理解，其中以否定性的理解占据上风，一提到"乌托邦"，只理解了它的消极方面。而哈贝马斯显然赋予了"乌托邦"以积极的意义，"乌托邦"是和希望相关联的，是通过批判现实而形成的对未来的向往。这种理解我们在德国哲学家布洛赫（Ernst Bloch）的《乌托邦精神》一书中同样也可以见到。他们都把"乌托邦"理解出积极的价值向度，是人类批判现实、超越现实的内在的创造性冲动和能力。人类的这一层面确实是存在的，因而，仅仅将"乌托邦"等同于空想、是人对未来的悲剧性设定，就是非常狭隘的了。

同时，也要看到"公共领域"无疑不仅仅带有理念性与"乌托邦"意味，它也是一个描述性概念，用来指称一种现实存在的社会机制，还是一个历史性概念，可以用来分析历史上曾经存在过的公共领域诸类型，哈贝马斯做出了很大的努力，收集种种史料，从历史的角度梳理了公共领域的演变以及不同阶段的呈现形式，以证明所谓"公共领域"的确是存在的，曾经在历史中、正在当下发挥了影响和作用，这种分析很显然是立足于人类的生存和发展的现实的，是立足于"共在"、"共生"、"共享"等为特征的经验事实，而不仅仅是一种学理层面的"想象"，所以它是一个解释人类存在状况的一种视角，是一个分析性的概念。因此，哲学意义上的"公共领域"是从抽象的意义上来分析公共领域的一般内涵，把公共领域作为一个理想类型，作为理想类型，它源自现实，而又高于现实、超越现实，唯其有这样的超越性维度，才能规范和引导现实生活，将其从世俗的泥潭中提升。但是仅仅把公共领域当作一种理想类型是不够的，从社会科学的视角探讨公共领域则是强有力的补充，赋予公共领域以真切的、现实性的意味。

哈贝马斯的公共性思想不仅限于公共领域，而且延伸到他后期关于交往行动、交往理性和生活世界等的学术研究之中，它们都是公共领域研究的深化展开，对于哈贝马斯后期的公共性思想，同样有论者提出质疑，他们认为哈贝马斯试图借助"体系和生活世界"双重模式和"交往理性"概念，使以语言为媒介的交往行动合理化，重建合理的生活世界，这也带有一定的理想色彩。本书认为，哈贝马斯后期的理论也一以贯之地具有应然和实然的内在张力，他所说的"交往行动""生活世界"等重要范畴，同样兼具理想性和现实性的特点。

所谓"交往行动"，也有人将之称为"理想的话语环境"，"应当理解为脱离了经验、不受行为制约的交往形式，其结构将能够保证，只有话语的潜在有效性要求才可能成为讨论的对象；能够保证参与者、话题和意见绝不受到限制，除了更有说服力的论证不存在任何强制，除了共同寻求真理，任何其他的动机都必须摒弃"①。公共领域是自由的、平等的，它可以规范人们的交往行为。"在规范的制定中，通过反复论证达成一种公共话语规则和程序，使合理的交往前提得以体制化，目的是使交往共同体中的所有人，都获得平等对话的权利，每个人的话语都得到同等程度的重视"②，建立程序的过程也是带有理想化的色彩的。

哈贝马斯的"生活世界"一开始是置于社会实践领域之中的，而到普通语用学的"生活世界"的提出，对理想的话语情境和交往情境的设想，就和他的交往行动理论一样遭到了批评，即他"预先设定了一个在经验上无法验证的理想状态，再以此状态构成或推动批判的基础，这样的基础基本上是相当思辨的，或更接近于一种乌托邦的思考模式，也就是说我们现今的处境有宰制的现象，而我们设定一个无宰制的处境来实现之，是可能的，也是必要的。"③

"生活世界"在很多哲学家那里，比如在胡塞尔的思想里，可以说是相当思辨的，具有先验意义上的内涵，是思辨反思结果，与当下的社会实践无涉，是一个纯粹思维领域的、理论的概念，带有浓厚的先验现象学的色彩。如前所述，哈贝马斯的理论也带有较强的规范性和思辨性，但是学科的特点使他一以贯之地热切关注社会现实问题。他认为不能与实践生活保持本来的交涉的社会理论只不过是独白的社会哲学，只有伴随着实践的意识，只有同实践保持一种真正的关系，只有关注现实语境，才能使对生活世界的强调获得新的哲学高度。哈贝马斯的"生活世界"是社会意义上的概念，是被置于社会实践领域之中的、一个在经验上可以验证的概念，至多只能被认为具有半先验性，这个半先验是指它作为交往实践的背景、境域和场所而存在，并非纯思辨的先验性。

也就是说，哈贝马斯所阐述的生活世界具有较强的现实性。交往行动是

---

① 贾英健：《论哈贝马斯的交往行动和话语伦理思想》，载《济南大学学报》2005 年第 5 期。

② 章国锋：《关于一个公正世界的"乌托邦"构想》，山东人民出版社 2001 年第 1 版，第 153 页。

③ 涂纪亮等：《当代西方著名哲学家评传》，山东人民出版社 1996 年第 1 版，第 480 页。

发生在一定的生活世界的基础上的。他强调，人们的交往行动往往在一定的具体情况下发生，这种具体情况也可以被称为行动状况。状况就是活生生的现实，人们之间的互动形式是具体多样的，人们所谈的内容无论是交流情感，还是畅谈人生，都是交流人们的生活体验，在这种交流中，人们获得了新的生活体验，对社会生活获得新的理解，人们或者成为朋友，或者形成有共同爱好的群体。他们在川流不息的生活世界中，热烈地讨论其中的某些具体问题，会逐渐酝酿出一些大家都感兴趣的话题，成为人们共同关注的问题，这些问题，要么关涉到公共利益，要么关涉到公共价值，人们就这些问题进行商谈，这就是公共领域。

归结起来，哈贝马斯的公共性理论具有应然与实然的内在张力，理想性与现实性兼具，但哈贝马斯公共性思想在前期，其理想性更明显，而当时间转到了后期，尤其是在关于生活世界的阐发方面，其现实性是更为明显的。

第二节　公共性：普遍性与多元性

和理想型的质疑相联系，有论者指出哈贝马斯过于强调公共性的一元性，而忽视了多样性，认为无论是哈贝马斯早期的公共领域思想，还是其晚期的生活世界思想，都忽视了差异性、特殊性。也就是说，由于社会尤其是现代社会是高度复杂、分化和多元的，一种普遍性的公共领域是不切实际的，从这种意义上说，也可以说它是理想性的。

综观关于哈贝马斯的公共性是普遍的还是多元的质疑，可以发现最大的挑战来自于女性主义者。美国学者南希·弗雷泽在《对公共领域的再思考》一文中所提出的观点就很具有代表性。弗雷泽认为，哈贝马斯提供的是一个单一的、囊括一切的公共领域解释模式，但是问题在于，在单一的公共领域中，妇女等社会中比较特殊的群体很容易被排除出去。她说："资产阶级公共领域中的商谈性互动是受到风格、礼仪规则的控制的，而这些东西本身就是地位不平等的制造者和合谋者。他们发挥微妙的作用而使妇女和平民阶层边缘化，并阻止他们作为平等的人参与（公共领域）。"[①]弗雷泽认为，哈贝马斯实际上悬置了比如妇女之类在公共领域中扮演的角色、地位和作用的"特殊性"、"差异性"，构建的似乎是一种"放之四海而皆准"的公共性。按照弗雷泽的分析，妇女当然也可能形成自己的公共领域，可以讨论家庭生活中的道德伦理问题，讨论家务劳动的技巧等，但是她们却是哈贝马斯所说的公共领域中的边缘人物。

汤普森也认为，哈贝马斯所描述分析、大力推介和努力倡导的公共领域"主要为男性所保留的，哈贝马斯虽然意识到，资产阶级公共领域中妇女的边缘化，意识到资产阶级家庭中的家长制特点，但是我们似乎可以说，在他写作《公共领域的结构转型》的时候，他并没有估计到这个问题的全部意义"。[②]可见，女性主义者批评哈贝马斯的"公共领域"范畴忽视了女性，他的宏大理论叙事缺乏性别维度，存在着"性别盲点"（gender blindness）。他们批评的矛头实际上都针对的是资产阶级公共领域模型的规范性，因此，女性主义理论家们试图突破哈贝马斯男性单一化公共领域概念，建立一个包容女性、承认女性的公共领域模型。[③]弗雷泽认为，仅仅只有一个公共领域是不够的。既然社会生活丰富多样，各种不同的人群应该构成的是多种多样的公共领域。多个公共领域的联结比单一的公共领域更有优势。弗雷泽提出了一种具有影响力的观点，即应该构建多样化的公共领域，这种多样化是"普遍性"和"多元性"的统一，更通俗地说，可以构建原生公共领域，还可以构建多种次级的公共领域，以满足不同社会群体，包括女性等特殊群体的个性化的需要。弗雷泽不追求宏大的、包容一切的公共领域，她试图构建新型的、多样化的公共领域，即一个可以不断任意组合、解体和重构的多维度空间。

托马斯·麦卡锡不仅批判哈贝马斯公共性的理想型，而且注意到多元性

---

① Nancy Fraser, 1990: "Rethinking the public sphere: a contribution to the critique of actually existing democracy", *Social Text*.

② John B. Thompson1993: "The theory of the public sphere", *Theory Culture Society*.

③ 战洋：《女性公共领域是否可能——以弗雷泽对哈贝马斯公共领域概念批判为例》，载《天津社会科学》2006 年第 6 期。

和普遍性的问题。他认为哈贝马斯的公共领域思想强调"普遍利益"，重视理性共识，太具有普遍主义的色彩。麦卡锡将批判理论与社会多元主义联系起来，指出既然哈贝马斯如此关注现代资本主义社会，那么，分析问题是就要聚焦于当下，立足于现时代，而在现时代，多元性、个体性等是主流，压倒了所谓的普遍性、普适性。麦卡锡并没有完全否认"理性共识"的作用，认为理性共识作为对强制的替代物，包含了可以达成的不同程度的理性共识，也包含了妥协和包容等等，如果程序是公正的，决策就有合法性，即使人们不赞同或不完全赞同这些决策，也要妥协，他认为这是对哈贝马斯政治争论的解决方案的完善。

此外，以查莱特（D. Zaret）为代表的神学家也发出了自己的声音，为宗教而呼吁，指责哈贝马斯的公共领域模型排斥了、甚至否定了宗教，理直气壮地指出，不同宗教共同体在世俗社会中也发挥了作用，成为公共领域的主体之一，是理所应当的；而一些左翼学者的关注点则在于：无产阶级的公共领域是否存在？它和资产阶级公共领域是什么关系？台湾学者江宜桦教授亦指出，在"兼含……相对主义和普遍主义信仰者的公共领域里，理性（无论如何界定）并不能自动成为人们互动的共同基础，而理性沟通因此也有严重的限制——那么，这样的局面还能不能称为一个公共领域呢？"[①] 他们与上述的弗雷泽和麦卡锡等人一样，都从自己的立场观点出发提出自己所理解的"公共领域"，试图从多样性的角度从理论层面上进一步对其完善和改造。

哈贝马斯对这些质疑和挑战曾经做出回应，如当 1990 年为《公共领域的结构转型》新版撰写序言时，他承认早期公共领域对女性等群体的忽略："在写作此书时，我根本没有考虑到亚文化公共领域。有关某一阶级的公共领域，我在前言中虽然有所提及，但没有进行深入研究。"[②]"其间成长起来的女性主义研究文献使我们更加清楚地认识到，公共领域本身就带有父权特征。"[③]"公

---

① 江宜桦:《自由民主的理路》，新星出版社 2006 年第 1 版，第 316 页。

② 〔德〕哈贝马斯:《公共领域的结构转型》，曹卫东等译，学林出版社 1999 年第 1 版，1990 年版序言，第 5 页。

③ 〔德〕哈贝马斯:《公共领域的结构转型》，曹卫东等译，学林出版社 1999 年第 1 版，1990 年版序言，第 7 页。

共领域一开始就是多元的。在居统治地位的公共领域之外，还有一种平民公共领域，和它唇齿相依"①。"福柯将权力话语的形成规律视为总是能建构出'他者'的排挤机制。在排挤机制中，内部与外部之间不存在交流。话语参与者和持反对态度的他者之间不存在共同语言。我们可以通过这一方式来理解传统的代表型公共领域与处于反对地位的大众文化之间的关联：大众不得不在他者空间中行动，并表达自身……工人运动和被工人运动排挤在外的'他者'，即女权运动，都可以加入资产阶级公共领域用以表达自身的话语，以求从内部改变这些话语以及公共领域结构本身。"② 也就是说，在《公共领域的结构转型》出版近 30 年后哈贝马斯承认他的公共领域理论有偏差，至少在理论上，没有充分考虑参与者各种差异的、多元的身份，带有某种"排他性"。

本书认为，将公共性的普遍性与多元性割裂，是忽视了两者之间的辩证关系。去除掉"资产阶级"这个限定语，公共领域可以被理解为人的一种普遍性的社会实践活动，是一种基本的社会现象。在思想史上也有这样一些情形，即有些概念范畴本来是结合一定特殊的历史条件提出的，原本是特殊概念，但随着人们对它们研究的程度加深，就会发现这个特殊概念的解释能力超出了某种界限，演变成一个具有普遍适用性的一般性的概念。比较典型的例子是"异化"这个概念，马克思提出异化思想主要阐述的是劳动异化，而且重点分析的是资本主义社会工人劳动的异化，由此可能会让人形成这样一个印象，即异化现象是资本主义社会所特有的。但当"异化"概念的内涵被不断揭示之后，人们逐渐接受了"人的创造物反过来控制人自身"这样一种理解，而这个意义上的"异化"是具有普遍适用性的，这也是"异化"成为一个学界常用的批判工具之原因所在。

"公共领域"这一范畴也是如此，哈贝马斯重点分析的是资产阶级公共领域，这并不妨碍它超出资本主义社会的框架限制，成为一个普遍性的概念。

---

① 〔德〕哈贝马斯：《公共领域的结构转型》，曹卫东等译，学林出版社 1999 年第 1 版，1990 年版序言，第 6 页。

② 〔德〕哈贝马斯：《公共领域的结构转型》，曹卫东等译，学林出版社 1999 年第 1 版，1990 年版序言，第 9 页。

其中的关键在于能否分析出公共领域的基本要素，并且要说明这些基本要素的结合具有普遍的解释能力。通过前面章节的阐述，我们可以得到对公共领域的总体认识，归纳出它所具有的一些基本要素：1. 多元主体；2. 交往行动；3. 与公共利益有关或与公共价值有关。在任何社会情形下，具备这三种要素，公共领域都是可能的，我们可以从上述方面判断一个社会中的公共领域是否存在，要素完备，那么该领域的存在是毋庸置疑的。同时，也可以以这些要素作为标准，区分私人领域、公共领域和公权领域，建立起对公共领域的分析框架。

分而述之，首先，多元主体性或差异性主体，是公共领域的基本前提。正如大自然中的生物多样性一样，多元主体指的是人类社会中交往主体的多样性；正如一片森林中找不到两片相同的叶子，在公共交往中也没有禀赋气质、身份地位全然一致的主体。如果主体不是差异多样的，其实也没有交往的必要，交往就失去了存在的意义和价值。其次，公共领域不是自然形成的，而是多极主体间交往关系的整合形态，多元主体要是不建立交往关系，公共领域也无从谈起。其三，多元主体的交往行动所关涉的是公共利益或公共价值。公共领域是主体交往的领域，它关注的是公共生活、公共事务。而公共生活、公共事务的内核就是这种生活或事务具有公共利益或公共价值。那么什么是公共利益呢？经济学家们对此的界定较明确，往往用经济数据或指标来衡量公共利益。从哲学层面上分析，不能被排除地使用的利益就是公共利益，换言之，公共利益是所有人能直接或间接地分享，不管这个人是贫穷还是富有的、身份显赫还是低微的。公共设施、公共产品和公共服务等等都是围绕公共利益的，本书认为，公共利益侧重于公共生活的物质层面，而公共价值则侧重于公共生活的精神层面，比如和谐、民主、公正等都属于公共价值。实际上，私人领域、公共领域与公权领域之间我们很难清晰地划界，但公共利益或公共价值指的是三个领域的交织部分，是最大公约数，是普遍分享的利益或价值。

哈贝马斯非常强调公共利益或公共价值对公共领域的意义。他认为，"如果政治冲突在本质上就是伦理冲突，而且正因为如此不允许人们期待在更为抽象的正义层面上达成一个理性的解决方案，那么，公民们就只能认为，对于整个政治领域而言，除了（或多或少有理由的）各持己见之外，任何其他努力都是徒劳无益的。"[①]也就是说，如果公众不能预先认同什么是公共的善等公共价值，那么大家就无法确定哪些议题值得关注或探讨。

哈贝马斯后来在《在事实与规范之间》一书中是这么来谈这个问题的，"伦理政治问题是从这样一些成员的角度提出的，他们在面对一些重要的生活问题时，想要澄清他们所共享的生活形式是什么、他们的共同生活要根据什么样的理想来构划。用单数提出的伦理——生存论的问题——我是谁，我想要成为谁，什么样的生活方式对我是好的——以复数形式得到重复，并因此而改变意义"[②]。也就是说，哈贝马斯认为，人们是有一种普遍性的追求的，有对公共的善、公共的政治目标、公共生活的理想等的追求。甚至可以说，社会生活中，凡是与公共利益或公共价值相关，无论范围大小、程度深浅、时间久暂，都具有公共性。公共性是对多元社会中的符合整个社会利益或公共价值的一种表述，而以多元主体进行的交往行动形成的领域就是公共领域。

因此，虽然如很多学者所说，当今社会是一种多样化的、拥有多元文化内涵的社会。实际上，社会生活中存在着各种零散的、大小不一的、相互联系的、相互重叠的、各种不同形式的公共领域。但这不能否认它们的共性，也无法排除它们所谓"公共领域"的普遍本质。如前所述，作为基本性的、普适性要素的总和的公共领域是存在的，但在社会生活中，我们可以将公共领域进行划分。

首先，按照规模大小可以划分出微观公共领域、中观公共领域以及宏观公共领域。这个规模指的是公共领域的主题的覆盖面。什么是微观的公共领域呢？可以这么理解，就是指其主题只覆盖一小部分人，是在一小部分人群之间所发生的各种交流和争论，按照这个标准看，在一个社会之中，微观公共领域可以说数不胜数，这些无数的微观公共领域，可能彼此相异，但也不

[①] 〔德〕哈贝马斯：《后民族结构》，曹卫东译，上海人民出版社 2002 年第 1 版，第 244 页。

[②] 〔德〕哈贝马斯：《在事实与规范之间——关于法律和民主法治国的商谈理论》，童世骏译，生活·读书·新知三联书店 2003 年第 1 版，第 196 页。

乏相互交叉和重叠，几个人一起就某个公开的事件进行讨论、几个人一起郊游聚餐等都属于此类。中观的公共领域是由较广泛的个体组成的，它往往还局限在一个国家的范围内，只是涉及的公共利益或公共价值覆盖面更广一些，比如，"生态环境问题，以及动物保护问题，交通计划问题和城市公共汽车问题，或者移民政策问题，文化和种族上少数群体的保护问题，或任何有关政治文化的问题"①。宏观公共领域的标尺是最宏大的，所关注的主题是关乎整个国家的，是涉及国家的所有公民的，甚至于继续拓展，所关注的是跨越民族国家界限的主题，最终极的就是人类共同关心的重大问题，比如环境问题、粮食问题、卫生问题、战争与和平问题等。

按照交往中介来分，一般最常见的是公共的物理空间、公共场所，比如公共广场、沙龙场馆、咖啡馆等；其次是由言语中介形成言语公共领域，如聚会、辩论等；但在社会生活中，公共领域不一定是人们进行话语交流而达成共识的领域，有的学者明确提出，如果在公共领域中不是侧重于用言语为中介，而侧重于行动，那么应该意识到它们的差别，开内特·塔克（Kenneth H. Tucker）把后者称为行动公共领域，主要有各种抗议、游行示威等构成的社会运动。

此外，还可以有其他的划分标准，如按照所讨论的主题分，那么哈贝马斯所说的政治公共领域和文学公共领域、一些学者维护的女性公共领域、宗教公共领域、科学公共领域等也可以列入其中。

总之，社会中的人都有自己的文化，有自己的生活，有自己的工作，有自己的想法，因此在文化上、生活习惯上、社会工作上等等都有自己特殊性，所以必然会形成多种多样的公共领域，但社会作为共同体是一种公共性的存在，需要其成员普遍拥有相应的公共精神。应该说，公共性的普遍性和多元性是辩证统一的。

---

① 〔德〕哈贝马斯：《在事实与规范之间——关于法律和民主法治国的商谈理论》，童世骏译，生活·读书·新知三联书店 2003 年第 1 版，第 202 页。

第三节　公共性：现代性与后现代性

哈贝马斯的公共领域理论显然也受到后现代主义者等的冲击。质疑者的观点主要基于他们对现代社会和现代性的理解。何谓现代性？这个范畴也带来了各种各样的争议。现代化是人类社会发展过程中的一个阶段，必然具有这个阶段独有的特性，以区别于传统社会，那么，这些特性是什么？马克斯·韦伯认为现代性是一个去魅（deenchanted）过程和结果，亦即去除神秘化、神圣化，去除形而上学。吉登斯认为现代性就是现代社会的所具有的特性，是工业文明的缩略语，它具备四个基本的要素：资本主义、工业主义、社会监督和军备力量。后现代主义的开启者利奥塔在《后现代状态》中认为现代重视元话语、元叙事，而后现代是对元话语、元叙事的不信任和消解。凡此种种，不一而足。深受后结构主义影响的弗雷泽也表达了对现代性的不满，从弗雷泽的视角看，哈贝马斯是倾向于现代性的。

也有论者认为，哈贝马斯并不是维护现代性，他对现代性的批判是猛烈的、贯穿于其学术生涯的早期和晚期的，他一以贯之地把现代资本主义的问题、病症、危机解释为理性的扭曲，批判资产阶级公共领域被资本、权力所渗透，人们不再热衷于形成公共意见，或者即使形成公共意见，其质量也大打折扣，从而导致公共性丧失，他对现代社会的发展趋势与很多批判现代社会的理论家一样，其理论基调是悲观主义，陷入理性失败主义的死胡同。面对这种批评，哈贝马斯在《在事实与规范之间》一书中曾作出回应。他说："公共意见的'质量'，是由它的产生过程的'程序'属性来衡量的，就此而言，它是一种经验变量。从规范角度来看，它提供了衡量公共意见对政治系统所施加之影响的合法性的标准。"①

可见，上述质疑与前文的"理想性"、"普遍性"是相互交织的，相关的

---

① 〔德〕哈贝马斯：《在事实与规范之间——关于法律和民主法治国的商谈理论》，童世骏译，生活·读书·新知三联书店 2003 年第 1 版，第 449 页。

问题在此不再赘述，但是从"现代性"角度进行的质疑还是有一些独特性，而且涉及哈贝马斯的理论特色，因此可以专门进行一些阐述。

本书认为，将哈贝马斯前期的公共性思想和后期的公共性思想结合起来看，他的目标是建立一种现代性理论，或者说借由对公共性的充分阐述完善一种现代性理论。哈贝马斯并没有因后现代主义的出现或质疑而放弃其现代性思想。我国学者也指出，按照哈贝马斯的思路，"'公共领域' / '公共性'问题首先是一个社会思想史的问题，或者说，是一个现代性的问题。由此引发出来的不光有现代政治运动，更多的还是现代社会动员、现代社会变迁以及意识形态转型等方方面面的问题。"[①]

哈贝马斯前期在探讨公共领域时，除了常用"资产阶级"的限定语之外，也常用"现代的"这一个限定语。之所以如此，是因为如果把现代公共领域与古代公共领域相比较，可以发现两者有着极大的差异。在某种意义上来说，现代公共领域产生的依托是市民社会的发展壮大，经过了市场经济的洗礼，作为私人的公众是成熟的、理性的，其批判更具有合理性，古代公共领域显然是稚嫩的、不完备的。所以，在哈贝马斯看来，考察市民社会就是考察公共领域，两者都是属于现代社会的。很显然，虽然哈贝马斯探讨公共领域、公共性是从古希腊开始梳理，但是他通过将现代社会的公共领域与古希腊公共领域和封建社会的代表型公共领域相比较，实际上明确地表达了这样的观点：现代社会的一个基本状态就是公共领域与私人领域的分野，健康的、良性运转的公共领域是现代社会的重要维度。换言之，在现代社会，人们既参与公共生活，有公共意识，又有理性的隐私观念、私人意识，能主动地保护自己的私人领域，也不随便进入他人的私人领域，对他人的私人相关事务表示理解和尊重。这种公私分明无论是在古代社会，还是在近代社会，都只是局部地、有限度地呈现，但公私分明正是现代社会发展的一个指标，而诸多思想家在探讨现代性时，忽略了现代社会的这个重要方面。

前文述及，公共领域的构成要素之一是主体性，不仅如此，哈贝马斯后

---

① 曹卫东：《哈贝马斯·公共领域·其他》，载《中华读书报》1998 年 11 月 4 日。

来所提出的交往行动理论，交往主体的特性更确切地说是主体间性。主体性到主体间性的演变，也是近代哲学向现代哲学的转变。现代人才有了大写的人的意识、价值和潜能。从主体演变的这条线索我们也可以看到哈贝马斯对现代性的褒扬。公共领域中的人在历史的进程中，摆脱了对他人的、对物的依赖，成为独立的主体，这时他作为主体拥有自己的全部特性，即主体性。主体性可以被分解为自主性、主动性、能动性乃至创造性等等，都是主体不同方面的特征的抽象。主体性的获得和真正确立与现代社会的出现和发展具有某种同步性，但哈贝马斯对现代社会的人的主体性进行了更深刻的剖析，他认为除了主体性，现代社会的主体性更是发展到了"主体间性"，也就是"互主体性"或"交互主体性"。这种特性指的是当交往主体对自己是主体表示认同的同时，也认可和尊重其他主体的主体性，认为不同的主体是平等的，都可以充分展示自己的主体性。由此，主体与主体之间不是主客体关系，而是一种主体间关系。

　　然而哈贝马斯并没有止步于此，他认为仅仅用主体间性和公共理性还不能说明现代性的本质，更进一步是在人和人之间形成某种公共性，公共性意味着社会生活更加丰富，社会联系更加广泛，社会愈加步入现代社会的成熟阶段。在古代社会和近代社会，人们的公共意识是沉睡的，不是普遍自觉地探讨所谓的公共性问题；现代社会随着普遍交往的增多，公共生活世界的扩大，主体性获得纵深发展，其公共意识觉醒了，要求公共性，生成公共性。因此，只有在现代性语境下，学者们才如此活跃地关注公共性问题，探讨公共性问题。尤其当今全球化时代还向世人预示了人类活动的一个未来境域——"公共世界"的图景。所以，现代社会中公共性的衍生线索或逻辑是这样的：主体性—主体间性—公共性。

　　当然，我们要注意到，哈贝马斯本人是批判现代性的。对现代性的批判是哈贝马斯公共性思想的重要组成部分，他的思想的批判性和理想性两者有一种成正比的关系，也就是说，理想性越强，批判性就越强，理想模式是批判的标准或模本。西方社会经由所谓的工业化和市场化等，从传统向现代变迁，带动了世界性的现代化，世界历史表明，现代性有力地推动了人类社会的进程，它是一种伟大的解放力量；但事物的发展又是如此辩证，现代性有着内在的局限性，它在历史地展开的过程中也给人类社会带来困境，现代社会产生了许多严重的问题，已不能满足人的发展需要。这样一种社会图景在现代社会已经越来越清晰了，尤其是工具理性、目的理性所带来的现代文明的弊端，已经被韦伯等多位思想家深刻批判，哈贝马斯本人也是强烈批判工具理性的。

但这并不意味着哈贝马斯认同后现代主义，虽然后现代主义兴起对现代性进行种种解构，他依然坚持认为现代性是一个"未完成的筹划"。他虽然对现代性进行猛烈抨击，但他的核心精神却是通过批判，为现代社会"提出一种可供选择的方案"。他注意到主体性的当代新形态，用主体间性、公共性去丰富和发展主体性，而不像后现代主义者那样超越或解构主体性；他提出交往理性，也不是要全盘否定或瓦解工具理性，而是至少从逻辑上把工具理性纳入到了交往理性之中，使之蜕变成交往理性的一个环节，扩大交往理性的深度、广度与质量；他用生活世界为私人领域、公共领域和公权领域提供生生不息的生命之源，使人们更关注公共利益和公共价值的内驱或源生动力；他指出公共利益和公共价值的实现为个人利益和个人价值的实现提供了更多的机会和条件，它们之间更趋于一致。就社会整体而言，人的主体性增强，就会有内在的驱动，要求相应的主体间性的发展，进而要求共同主体性、也就是公共性的发展。按照这个逻辑推演过程，公共性就是一种现代性，或者说是现代性的基础、基本特征或主要内容、主要体现。这是现代社会生活发展的历史过程和必然逻辑。这样，就现代性的演变过程来看，从启蒙时期的初始现代性，经过工业化时期现代性，现在融合了交往理性、主体间性之后，形成了一种"新现代性"，现代性依然没有完结。

批判现代性在西方许多重要理论中都扮演了重要角色，甚至引发了影响深远的后现代思潮。现代性的批判者或多或少都有悲观的情绪，从法兰克福学派内部来看亦是如此，至少我们在马尔库塞、弗洛姆、本雅明的字里行间很难读出乐观的心情。就哈贝马斯而言，从理论的基调上来看，如果说前期的哈贝马斯是持比较悲观的主张或态度的话，他后期已经转变到对现代社会又开始充满信心了。

第四节 公共性：批判性与建构性

哈贝马斯致力于探索一条实现公共性的通路，前期他所谈的公共领域，最初以强烈的批判性为根本特征。哈贝马斯之所以更青睐对公共领域的批判性解读，应该说要归功于他所属的法兰克福学派。1956 年，哈贝马斯得以成为阿多尔诺的助理，加入了法兰克福学派。法兰克福学派强调"批判理论"，"每一个部分都以对现存秩序的批判为前提，都以沿着由理论本身所规定的线路来与现实秩序进行斗争为前提"。[①]"批判理论"正是法兰克福学派的标签，是其不可撼动的一面旗帜，作为其中一员的哈贝马斯很自然地受到了法兰克福前辈们的熏陶，也必然被浓重的批判氛围所侵染，继承了该学派的批判精神。

哈贝马斯在《公共领域的结构转型》一书理性地公开讨论政治问题，阐发资产阶级的公共领域，尤其是其中的政治公共领域，它借助不同术语讨论各种与政治相关的议题。"毕竟，这些术语不仅仅是社会领域的标志。它们也是文化上的区分和修辞上的标签。在政治讨论中，它们也是强有力的用语，它们常常被用来使某些利益、观点或者议题非法化，而使其他的利益、观点或议题获得价值。"[②]"在政治公共领域中，人们要进行集体性的自我理解，他们要讨论，他们共同期待的美好生活是什么。"[③]他认为，公共领域讨论的是调节人们之间的关系的社会规范问题，因此主要是政治的公共领域与合法性密切相关，一种政治权威的合法性必须在公共领域中得到理性证明。换句话说，公权领域的合法性来自于公共领域，公共领域监督公权领域；公共领域与私人领域判然分明，公共权力绝对不能侵入私人领域，如果入侵私人领域，破坏了私人生活，公权领域的公共性就丧失，公共领域通过舆论对之进行批判。

---

① 〔德〕霍克海默：《霍克海默集》，曹卫东译，上海远东出版社 2004 年第 1 版，第 200 页。

② Nancy Fraser, 1990："Rethinking the public sphere: a contribution to the critique of actually existing democracy", *Social Text*.

③ 〔德〕哈贝马斯：《在事实与规范之间——关于法律和民主法治国的商谈理论》，童世骏译，生活·读书·新知三联书店 2003 年第 1 版，第 196—197 页。

于是，我们看到了那个对上层权力机关充满批判精神的哈贝马斯。

正因为哈贝马斯的思想如此富有批判精神，因此有的研究者误认为批判性就是哈贝马斯公共性的基本特征或唯一特征，或者说，把哈贝马斯丰富的公共性思想简单地等同于政治公共领域了。比如，学者黄宗智的观点非常明确，哈贝马斯的主要旨趣就是批判当代政治。但是也有学者提出了截然不同的看法，认为仅仅将公共领域的功能理解为是促进公民的政治参与和国家的正义秩序，它是将公众舆论配置为一种政治力量的工具，这种理解存在着较大的偏差。无论是向古代追溯，还是对当下批判，如果仅仅将"公共领域"或"公共性"范畴限定在政治层面，实际上是对哈贝马斯的问题意识和问题范围的窄化。这两种不同的观点都围绕着这样的问题，哈贝马斯的公共性理论是纯批判的吗？是只有政治旨趣的吗？该如何去理解呢？

笔者认为，如果从哈贝马斯公共性思想的整体来看，"公共领域"或"公共性"是综合性极强的范畴，不应被单一化为政治范畴，其所揭示的问题也不应该还原成纯粹的政治问题，它的精神内核更不应被单一化为只有批判性。这样做，不符合哈贝马斯的致思理路。让我们再来回顾一下：政治公共领域的批判性是哈贝马斯公共性思想的一个组成部分，但不是全部。哈贝马斯从两个角度详细论述了公共性：早期，哈贝马斯重点阐明的是政治公共领域的衰落必然导致政治的合法性危机，批判了公共性的丧失；而在《在事实与规范之间：关于法律和民主法治国的商谈理论》中，哈贝马斯则重点阐明了政治合法性的重建有赖于公共领域及其政治功能的重构。要改变现代资本主义社会的状况，要害不仅在于批判，更在于建构，是要重建公共领域。因此，如果把哈贝马斯的公共性当成一个整体来考察，应该说是兼具批判性和建构性的。

哈贝马斯早期谈公共领域时，已经赋予公共领域比较宽泛的外延，从人们所讨论问题的内容来看，不仅包括了政治公共领域，还包括了文学公共领域，确切地说，他首先探讨的就是文学公共领域，这个领域的出现主要是基于共同的兴趣和爱好，因为文学是个人情感的表达以及个人对外部世界的体验，是对美好生活的向往，当然文学批评也重在批评和解释。这是公共领域不局限于政治的一个例子，它虽然不具有强烈的批判性，但显然也属于公共领域。在我们的现实生活中，这样的公共领域不胜枚举，比如各种各样的基于兴趣爱好的社团、俱乐部，实际上大大超出了"文学"或者"政治"的范围。要理清概念或观点，离不开具体的历史考察作为基础。据一些历史学者，如彼得·克拉克的初步考证，从16世纪晚期至18世纪，英国所涌现出来的各种类型化的协会、俱乐部等超过130种，各个领域的协会、俱乐部都有，比如科学、医学、美术、音乐、工艺、商业、农业、园艺、体育、慈善等，十分丰富和活跃。但是哈贝马斯在探讨时，只列出了"文学公共领域"和"政治公共领域"，显然是不够严谨的。哈贝马斯自己回顾说："倘若我们不能像历史学家那样追本溯源，而仅仅依靠二手材料，那么，这个问题当中将隐藏着巨大的风险。历史学家批评我'经验欠缺'，是十分中肯的。"① 如果把"文学公共领域"理解为是基于兴趣爱好、共同语言等形成的同类公共领域的表征，也许可以为哈贝马斯做一些辩护。

因此，公共领域实际上是意指"广义的公共领域"，其中有哈贝马斯本人非常钟爱的部分——政治公共领域，它是非中立的，具有极强的批判性，同时还有中立的部分，即没有批判性或批判性很弱的部分——文学公共领域之类，这部分可能空间比政治公共领域广阔得多。随着其思想的不断发展，哈贝马斯逐渐认识到早期观点的局限性而进行理论拓展，生活世界是作为交往行动的背景知识、前提、基础、根据提出来的。他结合生活世界理论，对其所衍生的各种各样的公共领域更为宽容，也强调公共领域与生活世界的互相塑造，但也可能会相互阻滞。

仅就政治公共领域而言，哈贝马斯后期也对之进行了改造。公共领域和权力机关不同，不具有对公众的强制力，以生活世界为基础，与政治系统发生关联。公共领域与公共权力是既相互对抗又相互依存的。两者都不应把对方仅仅当作分立的、一直在抗衡的力量，更应强调两者的一致性、统一性，它们的一致性在于最大限度地实现公共性。公共领域与公共权力形成了相啮合的界面，这就是哈贝马斯对公共性的崭新建构，是他思想的一个落脚点或

---

① 〔德〕哈贝马斯：《公共领域的结构转型》，曹卫东等译，学林出版社 1999 年第 1 版，1990 年版序言，第 3 页。

者说归宿。换言之，哈贝马斯弱化了政治公共领域的批判性，更强调公共领域和公权领域相耦合，即公共性的建构性层面。他说："公共领域的交往结构使公众卸掉了决策的负担；推迟了的决策活动被留给决策性建制去进行。"①这并不是说建构的公共性把之前公共领域的批判精神给全然否定了，情况并非如此，批判性依然是内核，但批判不能真正改变世界，只有在批判之后进行建构才能改变世界，换言之，批判最终应指向建构，这样才更具有积极的、现实的价值，也更符合人的内在渴望。

可见，在哈贝马斯的思想中，与他所坚持的"民主"理念相应，公共领域的批判性仍然是公共权力合法性资源结构中最为基础的部分，但是他已经走向更积极的道路，从建构层面认为公共领域不仅批判公权领域，也向上传导公众的声音，反映公共问题，对公权领域的某些运行表示共鸣、认同。这就有效地消解掉了公共领域和公权领域非此即彼的问题，构筑起一种双向互动的弹性运行机制，使二者之间既存在一种内生性的紧张关系，又存在一种互相促进、共同发展的关系，以更好地实现公共性这一的核心目标。当然，这并不是一蹴而就的事情。

第五节　公共性：社会性与哲学性

这里所用的"社会性"和"哲学性"词汇，想指涉的是哈贝马斯的公共性研究是社会科学性质的研究还是哲学性质的研究。因为在对哈贝马斯的思想进行评价的过程中，有的学者还提出了这样的质疑，每一种研究都有自己的领地，那么，哈贝马斯的"公共性"概念及其前后期的"公共性"思想，其学科归属是什么？或者换一个问法，哈贝马斯的"公共性"是社会科学的

---

① 〔德〕哈贝马斯：《在事实与规范之间——关于法律和民主法治国的商谈理论》，童世骏译，生活·读书·新知三联书店 2003 年第 1 版，第 448 页。

概念，还是一个哲学范畴？他的研究是属于社会科学领域的研究？还是已经上升到一种哲学研究的层次？

有人认为，哈贝马斯在探讨公共领域时，无论是公共领域的概念、公共领域的要素、公共领域的特征以及公共领域的规则等，在社会学、管理学甚至新闻传播学中也是如此这般阐述以及使用的，那么，哈贝马斯的研究称得上是哲学研究吗？哲学视域中的公共性和社会科学视域中的公共性应该有所不同，但是，这个不同是什么呢？也有的人认为，哲学家当然要关注社会，形成各种各样关于社会的理论，他当然也会在公共生活中起作用，无论是直接的作用，还是间接的作用。哈贝马斯多处使用"公共性"这个范畴，这个范畴本身就是哲学范畴，是对公共生活中不同的具体方面所进行的归纳、提炼，这本身就是哲学意义上的思考了，哈贝马斯当然也是一位哲学家。

如果把哲学和社会科学的关系视为非此即彼、泾渭分明的关系，很显然会产生上述疑惑。那么，能否换个思路，将哲学和社会科学理解为互通共存的关系？即两者共同为解释某种事物或现象相互支撑、相互补充呢？为什么要人为地设置一些学科藩篱呢？实际上，随着时代的发展，把某种思想限定在某个学科领域之中进行研究的做法应该做出一些改变，从以下方面来看，我们已经很难仅仅将哲学和社会科学视为各自独立的领域和王国。

第一，从学科发展的状况来看，哲学和社会科学的紧密关系成为当前新的趋势之一。理解某位思想家的学术观点，就要了解他所处时代和所在的地域。哈贝马斯是一位德国思想家，受到德国学术发展、学科发展的深厚滋养，而德国的学术传统又是在欧洲大陆的大传统中孕育起来的。

就欧洲的新社会环境和学术环境而言，日本学者山胁直司总结道，其间哲学和社会科学之间的关系已经发生了一些重大的变化，并以19世纪为起点，将这种变化划分出三个发展阶段："1. 社会科学的前专门化阶段，在这个阶段哲学力图在其自身之内统一并包含所有科学，从康德到黑格尔的德国唯心主义就反映了这种情况。19世纪20年代黑格尔为他在柏林洪堡大学开设的课程而撰写的《哲学全书》可以被视为这个阶段的综合哲学的典型例子。2. 专门化阶段，这个阶段发生了社会科学从哲学的分离，而科学内部的专门化仍在继续。马克斯·韦伯在其中宣告专门化是他所处时代的命运的讲座《以学术为志业》（1919）被视为这个阶段的经典科学观。3. 后专门化阶段，这个阶段社会科学和包括伦理学在内的哲学间的关系正再次变得紧密，这可以充分地说明 21 世纪科学环境的特征。"①

"前专门化阶段""专门化阶段""后专门化阶段"这些范畴是山胁直司在1999 年就提出来，是为了说明跨学科以及跨国公共哲学的背景而提，此后他在自己的多篇论文和著作中反复提及类似观点，这一阶段性划分非常富有启发性。

应该说，哲学是社会科学等学科的母体，包罗万象，在具体学科一一独立、建立起来之后，哲学和这些学科到底是什么关系呢？在前专业化时期，许多哲学家不是把哲学视为一门学科，而是把它视为奠定所有科学的基础，或者把哲学视为"科学的科学"，具有广泛适用性、包容性、统括性，是凌驾在众多具体学科之上起着引领和指导作用的学科。这就是前专业化的主导性观点。在古希腊时期，社会科学已经萌芽，从柏拉图和亚里士多德，他们都曾描述社会现实，分析社会现象，展望社会前景，但是这些思考是包含在哲学之中的。事实上，德国古典哲学时期的许多思想家，包括大名鼎鼎的哲学家康德和黑格尔都持这种观点，即哲学可以以思辨的方式综合社会科学。比如黑格尔就认为知识体系由逻辑学、自然、哲学和人文学科组成，其中人文学科体系包括人类学、现象学、心理学、法哲学、艺术哲学、宗教哲学等，整个体系是以哲学为基础的，因而黑格尔体系是"前专门化阶段"的代表。山胁直司还举出谢林作为例子，指出 1803 年谢林出版了一本关于学术研究方法的著作，该书强调哲学不能被体制化为一门具体学科，而应该作为一门基础科学，是众多学科之基础。这些哲学家无疑是在彰显哲学的至高地位和权威，这对加深德国民族的思辨特质产生了深远的影响。

山胁直司指出，前专门化阶段必然发展到"科学的专门化阶段"，以此来打破哲学至高无上的垄断地位。而在专门化阶段发生了社会科学从哲学的分离，而科学内部的专门化仍在继续。科学包括社会科学的独立意识、自觉

---

① 〔日〕山胁直司：《作为 21 世纪一门综合性跨学科的跨国公共哲学观念》，俞丽霞译，载《第欧根尼》2011 年第 2 期。

意识愈来愈强烈，使得它们各自为政，在自己的领地里不断开拓，获得长足的发展。按照恩格斯的说法，这个科学独立自觉的过程在更早的时期，也就是在大约 14、15 世纪就开始了。恩格斯是在探讨形而上学的积极意义和局限性这个问题的过程中提出这样的观点的。他做出这样的总结："真正的自然科学只是从 15 世纪下半叶开始……把自然界分解为各个部分，把各种自然过程和自然现象分成一定的门类，对有机体的内部按其多种多样的解剖形态进行研究，这是最近 400 年来在认识自然界方面获得巨大进展的基本条件。"他指出："这种做法也给我们留下习惯：把自然界中的各种事物和各种过程孤立起来，撇开宏大的总的联系去进行考察……这种考察方法被培根和洛克从自然科学中移植到哲学中以后，就造成了最近几个世纪所特有的局限性，即形而上学的思维方式。"① 由此可知，在各门科学发展的过程中，很早就出现了各自为政的专业化阶段的萌芽，尤其是从 19 世纪中期到 20 世纪中期，在黑格尔去世以后，许多科学变得越来越独立于哲学，这个"去科学化"的过程也就是"科学的专门化阶段"，当然在这个阶段，这些学科包括社会科学之种种，社会学、历史学、经济学、政治学、人类学等等均获得前所未有的成就。

但是自 20 世纪 90 年代以来，各学科所建立起来的壁垒使得其自身形成了一个相对封闭的系统，反而给学科发展造成了阻碍，在上个世纪末，不同学科间开展越来越多的合作的需求和呼声变得强烈起来，自我封闭、自给自足的领地的壁垒或藩篱由于不适合时代的发展而崩溃，这种新的学术环境就是山胁直司所说的"后专门化阶段"。山胁直司认为，在这个后专门化阶段，哲学再也不能作为一门独立学科而维持下去，不能专注于研究早先的哲学，而是应该被视为一门跨学科。笔者认为，将哲学视为一种跨学科固然是一种方式，同时，也可以将哲学和社会科学视为是一起解释某种现象、某个问题的伙伴，不应强调或放大它们之间的差别，以能说明清楚一个问题为目的，而不去纠结于该问题应该由哪一个学科去解决，这恐怕是"后专门化阶段"的主要研究路径。

---

① 〔德〕马克思、恩格斯：《马克思恩格斯文集》（第 3 卷），人民出版社 2009 年版，第 539 页。

第二，从法兰克福学派的理论特色来看，该学派的跨学科研究传统也深深影响了哈贝马斯。法兰克福学派是西方马克思主义中影响最大、人数最多、前后持续时间最长的一个派别。西方马克思主义的思想源头之一是马克思的思想。马克思曾这样论述未来社会的自然科学和社会科学——自然科学将包括关于人的科学；同样，关于人的科学将包括自然科学；这将是一门科学。虽然马克思这里讲的是自然科学和社会科学，但他认为不应该在学科之间设置鸿沟，自然科学与社会科学的分化具有暂时性，是一定社会历史条件下不得已而为之的结果。马克思显然反对学科之间的分野，他自己的思想也很难归入某个学科——经济或政治或者是其他之中。这样的思想无疑对法兰克福学派产生了影响，法兰克福学派将这个思想发挥得淋漓尽致。早在20世纪30年代，亦即1930年，霍克海默执掌法兰克福学派之时，在回应"社会研究所的发展方向和目标"这样的问题时，他经过深思熟虑，发表了题为《社会哲学的现状和社会研究所的任务》的就职演说，提出反对"片面专业化"的研究方式，而代之以一种"集各门学科之精华"、"从整体上反映资本主义社会"的"社会批判理论"。

在这样的思想导向之下，法兰克福学派众多代表人物都将跨学科的综合研究作为最重要的研究方法沿袭下来。他们中的一些重量级人物都深深地对这种方法表示认可。比如，马尔库塞认为，法兰克福学派最重要的理论贡献是用交叉学科的方法探讨了当时重大的社会问题和政治问题，打破了学术分工，将社会学、心理学、哲学运用于提出和认识当时的各种问题并试图回答这些问题。A.施密特认为，"社会批判理论"这个名称用来代表一种跨学科的研究方向。可见，把哲学、社会学、心理学等各门学科结合起来，对社会进行综合性的研究，以提供社会的完整图景，这正是法兰克福学派标志性的理论特色之一。

法兰克福学派的这种理论特色和前文所述及的"后专业化阶段"是相吻合的。过于强调哲学和社会科学的分野难免会对学术研究有负面作用。正如有的学者曾指出的那样，许多学术范畴都有自身的学术部落。科学领域划分出更多的学科，带有规范性的作用，更多地是为了研究的方便不得已而为之，也发挥了正面的作用，但正如恩格斯所担心的那样，由于学科的划分走细分化的道路，有可能会造成形而上学的思维方式，诸学科之间出现分割、断裂，隐含着潜在的危机，甚至会故步自封、闭门造车。在遇到问题时首先想到的不是解决问题，而是考虑这个问题属于哪个学科，非要将之归到不同的"部落"之中，为了讨论归属问题，"部落"之间还会发生争执，这种分裂和对立的负面作用实在是太大了，不仅对学术本身的发展是不利的，而且对整个社会来说是一种很大的损失。因为我们往往会看到，我们所遇到的自然界和人类社会需要解决的各类问题大多是综合性的、多学科的。因此，法兰克福学派早在20世纪30年代就提出要摒弃学科划分导致的领地观念，倡导学术研究研究要将不同学科联合起来研究，这样的理念更有进步性。

第三，从公共哲学本身的发展状况来看，这种新的哲学分支更主张跨学科研究。前文述及，公共哲学首先产生于欧美，后来延展到日本，而日本的公共哲学不仅是一种学术思潮，更是一种现实运动。相比较而言，欧美学界对于将公共哲学建设成一门跨学科的学问尚没有明确的意旨，但是日本学界对此却非常执着地追求。

日本公共哲学的代表人物山胁直司之所以将学术环境、学科进程进行三阶段划分，他的意思无非是应该有一种新哲学，它就是以跨学科研究为特征的。另一位著名代表人物金泰昌也构建了一些新范畴，来表达自己对新哲学的希冀。"金泰昌教授认为，'公共哲学'中的'公共'应该是动词。公共哲学是一门'共媒—共动—共福'的学问。'共媒'就是相互媒介，'共动'的'动'字在日语中的意思是'作用'，在这里就是相互作用，"共福"顾名思义就是共同幸福，公共哲学是一种探索人们的共同幸福如何成为可能的学问。而山胁直司教授提倡并探索公共哲学的目标在于，如何打破19世纪中叶以来逐渐形成的学科分化、学者之间横向间隔的学术现状，让各个领域的学术跨学科横向对话，构筑新时代所需要的学术统合。在这种思想和目标的基础上所进行的公共哲学探索，当然不可能采用传统的仅仅只是某个专家、学者单独著述的形式，而是把不同领域学者之间的跨领域、跨学科的对话、互动作为它的一大特色。"①

----

① 林美茂：《公共哲学在日本的研究现状与基本视点》，载《学习与探索》2009年第3期。

正如本书导论中已经提到的，日本公共哲学的主要研究成果体现为东京大学出版会出版的十卷本——"公共哲学"中，这套书也已经有了中译本，由此我们可以一窥日本公共哲学研究进行中的独特现象，这套丛书的最大特点是虽然名为"公共哲学"丛书，但各卷看起来并非纯粹哲学的研究，而是围绕着"公共性""公与私"等最重要的问题，由某个社会科学领域众多学者参与讨论，对此发表各自的看法，每一卷的主题非常明确，对主题的阐发不仅具有广度又有深度，整套书涵盖了在人文、社会科学各个领域的理论与现实的相关问题，改变了以往分割性的学问体系，是跨学科、跨专业、跨国别等研究的一种典型。统合各种专门的社会科学在相关问题上的看法之后，公共哲学在各个学科的一种互动关系中反而呈现出来，或者说，他们是以公共哲学之名，促进包括政治学、经济学、社会学、历史学在内的各种各样的社会科学之间的交流，是一种从公共性的观点出发引导诸学科——包括哲学和社会科学之间紧密结合，最终在这些统合性论述的基础上，才达到哲学层面的探讨，或者更确切地说，他们并不拘泥于这种学问是否具有哲学的种种形式和特征，关键的是在如此这般展开研究的过程中已经凝聚了哲学和社会科学推崇的公共精神。

该套书的第一卷《公与私的思想史》，以西欧、中国、伊斯兰世界、日本和印度为对象，主要由这些领域的权威学者从比较思想史的角度，就公私问题进行讨论。第二卷《公与私的社会科学》，围绕政治学、社会学及经济学各领域中的公私观的异同展开涉及多学科的讨论。第三卷《日本的公与私》，从历史角度重新审视日本公私观念的原型及其变迁，并就现代有关公共性的学说展开讨论。第四卷《欧美的公与私》，以英、法、德、美等现代欧美国家为对象，探讨其以国家为中心的公共性向以市民为中心的公共性之转变是如何完成的，且重点讨论了向类似欧盟那样的超国家公共性组织转换的可能性等问题。第五卷《国家和个人和公共性》，在承认 20 世纪各国在民族统一性原则、总动员体制、意识形态政治、全能主义体制等方面有差异存在的前提下，专家学者围绕今后应该如何思考国家和个人的关系展开议论。第六卷《从经济的角度看公私问题》，由具有代表性的日本经济学家围绕是否可以通过国家介入和控制私人利益来实现公共善，以及应该如何看待日本的经济问题等进行了讨论。第七卷《中间团体开拓的公共性》，以具有代表性的日本社会学家为主，围绕介于国家和个人之间的家庭、町内会（町是日本城市中的街区，类似于中国的巷、胡同；町内会则是在町成立的地区居民自治组织）、小区（community）、新的志愿者组织、非营利组织（NPO）、非政府组织（NGO）等新旧中间团体在日本能否开拓出新的公共性进行了探讨。第八卷《科学技术和公共性》，主要由科学家、技术人员和制订相关政策的官员讨论科学技术中的公私问题，以及人类能否控制既给人类带来巨大好处、同时却又有可能导致人类灭亡的科学技术的问题。第九卷《地球环境与公共性》，由各个领域的专家学者讨论在单个国家无法解决地球环境问题的今天，如何重新建立环境伦理、生命伦理和环境公共性的问题。第十卷《二十一世纪公共哲学的地平》，是来自不同领域的专家学者讨论了综合性地思考哲学、政治、经济和其他社会现象的学问——公共哲学——所关心的问题及问题的现状。

我国学者万俊人对公共哲学的跨学科研究方法也非常认同，他指出这种哲学研究方法与传统哲学的研究方法刚好相反，"寻求普遍性的哲学方式至少有两种：一种是自上而下的方式；另一种是自下而上的方式。前者为传统哲学的共同理路，后者是我们所要开辟的现代公共哲学理路。""所谓自上而下，只是我的一种形象说法，它是指那种预先设定某种形式的先验性哲学前提，如人性（善恶）理论、天赋人权观念等等；然后以此作为确定无疑的出发点，演绎推导出一系列的普遍原则、规范和命题。"他认为，现代公共哲学的任务就是要达成公共理性，而公共理性"是基于最基本的公共生活事实和公共文化背景，以最低限度普遍化论证方式求得的。这就是我所谓的自下而上的哲学论式。""除了现代社会的生活经验基础之外，公共哲学尤其需要现代诸种社会科学……的资源滋养和知识支援。"[1] 也就是说，这种新的哲学分支——公共哲学主张通过不同意见间的磨合和接受多样的异质意见（交流）达成一致，以此理念为前提坚持跨领域、跨学科研究。

最后，我们再回到哈贝马斯本身的公共性思想上。对于自己论述中社会性和哲学性的交织，哈贝马斯说："起初，我是作为阿多诺的助手而成为法兰

---

① 万俊人：《公共哲学的空间》，载《江海学刊》1998 年第 3 期。

克福社会研究所的助教的。对我来说，社会批判理论提供了一个视角，有助于把美国、法国和英国民主制度的开端与民主在德国不断失败的过程放到一个更加广阔的社会现代化的语境当中加以考察。"① 哈贝马斯从在阿多尔诺身边担任助手开始，到成长为法兰克福学派第二代学术核心人物，很显然在漫长的岁月里，他潜移默化地受到了法兰克福学派的学术影响和锻造，更多地贯彻综合性研究的方法，为解决问题服务。

　　哈贝马斯为什么要写作《公共领域的结构转型》呢？他的想法是无根之木、无源之水吗？他自己回忆道，在大学"毕业以后，我开始尝试从理论的角度对阐明为何人们对不断受到破坏的民主化进程会彻底失望，我发现，这种'魏玛综合症'成了一种否定的关节点。我对政治倒退的担忧，一直到 20 世纪 80 年代都还是我写作的动因，这集中体现在我 20 世纪 50 年代末开始动笔的《公共领域结构转型》一书当中……当时，我们的政治文化还没有完全成型。从一定意义上说，我们的民主制度是从外面移植过来的，在当时根本还不可能在民众的头脑里扎下根来。"② 关心政治问题，担忧本国的政治倒退，意识到从外部引入的民主制度还没有在德国生根发芽，这是哈贝马斯写作的初衷，这一点承自卢梭。卢梭之所以写作《社会契约论》，目的是要阐明政治领域的民主问题，他想申明，主权在民是人类民主模式的理想规范。这一点启发了哈贝马斯，他尤其想把卢梭的公意思想进行一个更落到实处的发挥。

　　他继续阐述道："很显然，这样一种心性结构的转型无法在孤立的状态下完成，也不可能用行政的强制手段创造出来。只有通过一种异常活跃且带有话语特征的公共意见的形成过程，才能把这一过程推向前进。所以，我把我的理论兴趣集中到政治公共领域上。通过简单的互动就可以形成'公共空间'，这是一种普遍现象，它激起了我的兴趣，开始关注主体间性的神秘力量：它把不同的东西统一了起来，但又不会让它们雷同。从公共空间当中，

---

　　① 〔德〕哈贝马斯：《公共空间与政治公共领域——我的两个思想主题的生活历史根源》，载《哲学动态》2009 年第 6 期。

　　② 〔德〕哈贝马斯：《公共空间与政治公共领域——我的两个思想主题的生活历史根源》，载《哲学动态》2009 年第 6 期。

我看到了社会一体化的结构。在公共空间观念中，最初展示出来的是一个遭到压制的共同体的兴衰特征。在现在社会条件下，对于社会一体化而言，民主共和国的政治公共领域特别具有一种症候性意义。也就是说，复杂的社会从规范意义上讲只有通过公民之间抽象和合法的团结才能得到维持。相互并不认识的公民之间，只有通过公共意见和意志的形成过程，才能形成或重新形成一种脆弱的公共性。只要把握住政治公共领域的脉搏，我们就可以诊断出民主政体的实际状况。"① 卢梭对如何获得公意阐述得并不充分，而哈贝马斯通过对公共领域的深度挖掘，探讨了公共意见的形成过程，为卢梭的"公意"开出了一条继续前行之路，这样一来，也就使哈贝马斯所倡导的"商谈民主"，或叫"协商式民主"获得了较为坚实的基础。

　　从哈贝马斯的初衷以及他对前人的继承和发展来看，他的公共性理论更多地侧重于社会性，更确切地说，更多的是一种政治学领域的考察，但是，他在阐述过程中，对公共领域的"公共性"本质的揭示，对公共领域的源初性领域——生活世界的揭示，对公权领域和公共领域所蕴含的价值观的追求，实际上包含了人的存在状态、终极关怀等哲学的固有主题，事实上，如果没有价值预设和价值判断，他所探讨的"商议政治"或者"协商式民主"只能说是极其单薄的、是偏于事实层面的，甚至也可以这样说，缺少了哲学价值观作为灵魂，他的探讨是不可能展开的。正像公共领域依赖于公共性的维系、交往行动依赖于交往理性及主体间性的存在一样，我们很难将哈贝马斯的公共性理论归结到某个社会科学之中，也难以笼统地说它是哲学领域的研究，因为在他的理论中，哲学和政治学、社会学等就像各种丝线，是如此紧密地交织在一起，一起服务于解释何为"公共性"这样的重大主题，哲学和社会科学难分彼此的紧密结合，让我们看到了对公共性主题酣畅淋漓的阐述，这才是问题的关键所在。

---

　　① 〔德〕哈贝马斯：《公共空间与政治公共领域——我的两个思想主题的生活历史根源》，载《哲学动态》2009 年第 6 期。

第五章　哈贝马斯公共性思想反思：现实视角

第一节　公共性的科技维度

自 20 世纪 90 年代以来，尤其是在当今时代，伴随着网络技术的迅速普及，高新科技主导了我们的生活，我们毫无疑问地身处于一个光怪陆离的科技社会中，可以这么说，如果把科学技术从我们当下的现实生活中抽离出去，那么，我们一定会感到惶惶不安、无所适从。从这一活生生的现实再去反观哈贝马斯的公共性思想，或者从科技维度对哈贝马斯的公共性思想进行反思，会得出什么结论呢？

同诸多杰出的思想家一样，哈贝马斯密切关注科学技术对人类社会的深刻影响，纵观他各个时期的重要著作，可以发现科学技术一直在他的视野之中。诚然，这也是法兰克福学派的一个传统。法兰克福学派高举批判理论的大旗，展开了一系列批判，包括了工具理性批判、意识形态批判、技术理性批判、大众文化批判、性格结构和心理机制批判等多个批判向度。其中关于科学技术批判不少法兰克福学派的成员都参与其中，提出了一些令人耳目一新的看法，比如马尔库塞认为科学技术实际上行使着资本主义意识形态的功能，成为一种新的、隐蔽的、高效的统治工具，造成单向度的人、单向度的社会和单向度的思想；哈贝马斯的科学技术观与马尔库塞的观点一脉相承，提出了"科学技术是一种意识形态"这样的著名观点，并深得法兰克福批判理论的精髓，对科学技术是以批判为导向的。

哈贝马斯公共性思想中的科技维度主要体现在他对公共媒体或者说大众传媒的阐述之中。媒体英文名为"Medida"，在英语中就是"媒介"或"中介"的意思。媒体不等同于公共领域。但是公共领域中主体的交往需要一定的媒介或者可以称之为平台，最初是物理学意义上的公共空间，但随着社会生产力和信息技术的发展而不断地改变，人们的交往变得越来越依赖于公共媒体。"所谓'公共领域'，我们首先意指我们的社会生活的一个领域，在这个领域中，像公共意见这样的事物能够形成。公共领域原则上向所有公民开放……当这个公众达到较大规模时，这种交往需要一定的传播和影响手段；今天，报纸和期刊、广播和电视就是这种公共领域的媒介。"① 如前所述，传媒并不是公共领域本身，在文学公共领域形成的时候，人们在咖啡馆、沙龙中直接面对面地交流，剧院、博物馆、音乐厅、宴会，以及咖啡馆、茶室、沙龙等公共场所是交往主体对谈所需要的公共空间，这些都属于实体性的场所，它们具有直接现实性但又存在一定的局限性。在资产阶级公共领域蓬勃发展的时期，随着印刷媒体技术的发展，主体之间的交往可以摆脱广场、教堂、会议厅等实体性场所，报纸、杂志以及广播等各种公共媒体构成的中介日益进入到公共意见形成的重要机制之中。从历史的角度看，公共媒体首先出现在英国，主要的样态是报刊和杂志。1695 年，英国终结了书报检查制度，创办报纸杂志不再像以往那样被严格控制，因此各种报刊如雨后春笋般涌现。尤其令人瞩目的是当时的知名作家笛福，他被称为历史上第一个报刊的职业撰稿人，他所创办的《评论》和塔钦的《观察家》、斯威夫特的《考察者》最受欢迎，时人追捧。可以说从这时开始，传媒本身就成了公共领域不可或缺的重要组成部分。

社会公共生活总是会有自身的时代印记。从公共生活漫长的发展历史来看，不同时期不同类型的公共生活都需要依托于某种或某几种平台或媒介。无论是古希腊罗马城邦的广场、中世纪欧洲的公共建筑，还是近代资产阶级的大众传媒，这些平台或媒介的存在构成了公共生活的结构和机制。从李普

---

① 汪晖、陈燕谷：《文化与公共性》，生活·读书·新知三联书店 1998 年版，第 125 页。

曼时代一直到哈贝马斯的时代，报纸、杂志、电视等公共媒体都是最重要的社会文化传播方式，它们将各种社会事件或知识信息向公众敞开，也是人们进行公共生活的基本方式之一。这些公共媒体^①中，图片胜于文字，电视画面又胜于图片，尤其是电视画面，比其他公共媒体更迅速、更真切、更生动，在社会公共生活中扮演着重要的角色。这些公共媒体越来越强烈地塑造着现代社会的公共性质。大众传媒除了自身作为公共领域的一部分之外，同时对促进整个公共空间职能的发挥起着特殊而重要的作用。政治公共领域之所以能充分发挥其功能，应该归功于大众媒介。"大众传媒应该把自己理解为一个开明公众集体所委托的代理人；这个公众集体的学习愿望和批评能力，是大众传媒同时既当作预设、也提出要求、并予以强化的东西；像司法部门一样，它们也应该保持对于政治行动者和社会行动者的独立；它们应该公平地接受公众的关切和提议，并根据这些议题和建议把政治过程置于合法化强制和被强化了的批判之下。"^②

但是报纸、刊物、广播、电视等大众传媒的出现，很显然是科技发展的产物，实际上，纵观人类信息发展史，每一次技术革命都会给人类生活带来极大的改变。报纸、电视等公共媒体所采用的传播技术在很大程度上已经改变了传统的公共生活方式。然而，根据哈贝马斯的分析，后来随着大众传媒的蓬勃发展，同时也出现了社会国家化和国家社会化的双重过程，公权领域介入公共领域和私人领域，主要就是靠控制大众传媒来达成的。大众传媒，更确切地说，公共媒体失去了原初的中立性，成为经济力量、政治力量的附属物。在大众传媒时代，金钱和权力入侵，原来作为公共领域机制的公共媒体自身的公共性原则被消解了。随着政治权力对公共生活的挤压和商业化原则对公共生活的侵蚀，出现了哈贝马斯所说的"公共性危机"。哈贝马斯前期所批判的"公共性危机"和后期所批判的"生活世界的殖民化"，其中公共媒体都是非常重要的分析对象。

---

① 哈贝马斯曾说公共媒体和大众传媒的区别在于是否中立，公共媒体是有批判立场的。本书认为，在非严格的意义上，两者还是可以交替使用的。

② 王榕、辛军：《哈贝马斯论大众传媒功能的变化》，载《山东大学学报》2003 年第 4 期。

哈贝马斯认为大众传媒是传播技术的一种表现或产物，国家意志通过公共媒体而渗透到公民的意识中，或者大众传媒致力于追求利益的最大化，都是社会的扭曲的、畸形的现象，极大地破坏了自由交往和对话的机制，必须对这种现象进行反思。哈贝马斯前期曾悲观地认为大众传媒操纵了公共领域，使得公共领域的结构发生了转型。而 40 年之后，哈贝马斯 2004 年 11 月获得"京都奖"，他在答谢词中说："在公共空间观念中，最初展示出来的是一个遭到压制的共同体的兴衰特征。在现在社会条件下，对于社会一体化而言，民主共和国的政治公共领域特别具有一种症候性意义。也就是说，复杂的社会从规范意义上讲只有通过公民之间抽象和合法的团结才能得到维持。相互并不认识的公民之间，只有通过公共意见和意志的形成过程，才能形成或重新形成一种脆弱的公共性。只要把握住政治公共领域的脉搏，我们就可以诊断出民主政体的实际状况。"[①] 可见，他认为公共领域一开始的确是受压制的，但时间进入 21 世纪，情况要有所改观，但是还得看我们对当下的政治公共领域是否能准确把握，其中他并没有提到科学技术。

因此，在对科学技术以批判性为主的思想倾向下，大众媒体对公共性塑造的积极方面，哈贝马斯没有更多地去挖掘。其实，现代公共生活对公共媒体的更新换代有着内在要求，生存样态与技术方式的关系是社会生活的一个基本方面，沟通媒介技术作为公共生活运转的重要保障，其发展构成了公共生活形态变迁的重要决定因素。但现代信息技术所催生的新公共媒体对现代公共生活的重构，有意无意地被哈贝马斯忽略掉了。从哈贝马斯开始分析公共领域至今，50 余年的时间已经飞逝而过，科学技术的发展和进步使得大众传媒呈现出一番新的景象。在当今时代，我们亲眼目睹了科学技术为我们提供了更多的传媒形式，不仅有新的国内传媒，跨国传媒也在迅速发展，一批跨越国界的新闻和传媒公司纷纷涌现。哈贝马斯曾经谈到，在交往行动中，交往主体不一定要在场，那么其中沟通媒介的作用非常之大，实际上，哈贝马斯关注到了传媒的虚拟性，或者说传媒所促成的行动主体的虚拟在场。哈

---

① 〔德〕哈贝马斯：《公共空间与政治公共领域——我的两个思想主题的生活历史根源》，载《哲学动态》2009 年第 6 期。

贝马斯说："公共领域与这种亲身到场的联系越松，公共领域越是扩展到散布各处的读者、听众或者观众的通过传媒中介的虚拟性在场，把简单互动的空间结构扩展为公共领域的过程所包含的那种抽象化，就越是明显。"①他做出这个表述时，最先进的、最受欢迎的就是电子媒介，其中又以电视为先导，但哈贝马斯对之发表评论的时候，态度却并不是那么乐观，他认为电子传媒对公共领域的基本结构会有所损害，它和受众之间的关系是单向的，带有强制性选择的色彩，既弱化了主体性，也弱化了公共领域的民主潜能。

此时互联网络尚处于呼之欲出的状态，哈贝马斯所说的虚拟并非指互联网，换言之，当时由于没有网络技术，所谓网络公共领域根本不可能出现在研究者的视野中。时代的大潮并没有停歇，如今互联网快速发展，可以说这得归功于现代信息技术，是它带来了互联网这个新的公共媒体。什么是现代信息技术？它的发展趋势如何？现代信息技术是最新的科技革命的成果。科技革命极大地推动了社会历史的进步，每一次科技革命，都不同程度地引起生产方式、生活方式和思维方式的深刻变化和社会的巨大进步，第一次科技革命以蒸汽机的发表为主要标志，第二次以电力的发明为主要标志，第三次是 20 世纪中期以后出现的，以原子能的利用、电子计算机和空间技术的发展为标志。现代信息技术是由计算机技术、通信技术、微电子技术结合而成，利用计算机进行信息处理，利用现代电子通信技术从事信息采集、存储、加工、利用的新技术，当前信息技术发展的总体趋势是以互联网技术的发展和应用为中心。②它作为第三次科技革命的重要组成部分，使人类进入了互联网、智能化和数字化的时代，推动了由工业经济形态向信息社会或知识经济形态的过渡。

真正普及性的虚拟世界出现在 20 世纪 90 年代，随着现代信息技术的广泛使用，网络技术发展极其迅猛，网络时代来临，人们的交往方式和生活方式都发生了巨大的变化，人们仿佛步入了一个新奇的世界。信息技术无疑是

---

①〔德〕哈贝马斯：《在事实与规范之间——关于法律和民主法治国的商谈理论》，童世骏译，生活·读书·新知三联书店 2003 年第 1 版，第 447 页。

② 徐学禹：《信息技术与经济社会发展》，西南交通大学出版社 2010 年第 1 版，第 11 页。

对当代社会影响最全面、最深刻的技术，特别重要的是，它使得人们身处于双重生活之中：现实生活和虚拟生活，这可以说是史无前例的生活形态。人与人之间的交往活动有相当大一部分转入了虚拟空间，公共空间也获得了前所未有的延伸，完全超出了人们的预想。从传媒的角度说，可以说出现了一个新媒体——网络媒体，也有人称之为"第四媒体"。网络媒体从广义上说，就是指互联网这个网络传播的大平台，狭义的网络媒体是指在互联网上发布信息的媒体。

那么，哈贝马斯对互联网又是如何看待的呢？他依然持一种悲观的论调吗？从本书目前掌握的资料来看，没有发现他对网络空间与公共领域、商谈民主的关系等发表过直接的评论，可以说是不置可否，不加阐述，"在华访问的时候，就有人向哈贝马斯提问：如何才能使网络这个虚拟世界变成一个有助于建立集体认同和个人认同的公共领域？哈贝马斯当时没有给予正面回答，只是表示他注意到了这个空间的存在。哈贝马斯实际上是回避了问题，这就不能不让我们生疑：哈贝马斯一边在雄心勃勃地扩展其公共领域范畴，一边又对网络保持沉默，他的公共领域这次是不是真的遇到了极限？"①

对于互联网这一新鲜事物，学者们也众说纷纭，不一而足："网络与电视等电子媒体之间又有着截然不同的性质，网络空间中的参与者自主性使得以自主作为前提的民主有了更为丰富的含义，BBS 与网络论坛、博客与播客、微博，一时间，网络时代的个人表达与公共讨论形成了一种'众声喧哗'的情景（胡泳，2008）。当然，在网络时代，公共领域的概念似乎应该有所改进，毕竟在赛博空间（Syberspace）中，并不存在哈贝马斯公共领域所必需的'具体化的主体'，'他们有着对称的关系，通过批判性争论和有效性要求获得共识'（Poster，2001）。但是，网络中的人的身份是变幻的，成为一种李普曼（Lippman，1993）所谓的"幻象式公众"（phantom public），甚至，随着自媒体（we the media）（Gillmor，2004）的产生，公共与私人之间的界限也随之改变（胡泳，2008），也打破了哈贝马斯所一直担忧的大众传媒操纵公共领域的

① 曹卫东：《公共领域到底有多大？》，载"剑虹评论网"，http://www. comment-cn. net/politics/democracy/2006/0301/article_508. html.

问题，读者与新闻工作者之间的界限同样模糊起来，人人都是记者，人人都是信息提供者，公共领域的失地具有重新收回的可能（李蕉，2007：20）。桑斯坦甚至认为在《网络共和国》（2003）与《信息乌托邦》（2008）中，人们之间意见与意志的共识与分歧，并不是一件简单的事情，共识并不容易达成，协商很可能使得原本的分歧越来越大，甚至还有学者认为，网络空间是否可能会成为下一个'铁笼'（斯皮内洛，2007）。"[①]

可见，对于是否存在"网络公共领域"以及这个领域会给我们带来什么等等问题，人们至少到目前还没有什么话语的规范，也谈不上有什么成熟的共识。

笔者认为，当时间演进到当今的全球化时代，伴随着三网融合和互联网应用的不断开发，互联网在广度和规模上取得了长足的发展，推动着现代信息技术广泛地进入社会生产、生活的各个领域，从而更新人们的思维方式、改变着社会生活诸领域的样态。传统的公共物理空间曾经作为公共生活的核心机制发挥了作用，现在是传统的物理空间与虚拟的空间并存，大众传媒逐渐成为核心机制。传统的公共物理空间作用的日趋式微，网络虚拟空间的出现和壮大，极大地拓展了人类公共生活的空间。"电视也好，广播也好，书籍也好——过去的媒介没有一个能够像因特网一样提供类似的一揽子机会和冲击力。"[②] 现代信息技术发展为公共生活的变迁奠定坚实的基础，使得将信息技术作为公共生活重要影响变量进行考察，就成为当下非常重要的研究主题，从这个角度去分析，也能够更加准确地理解哈贝马斯思想的当代性。

尽管网络公共领域带有虚拟的特征，但虚拟不是虚幻，它也是由一个个活生生的现实社会生活中的人在活动，仍是现实的投射与反映，并具有改变既定现状的力量。尽管互联网技术发展的历史还较为短暂，但它的出现不仅改变了人们私人生活，同时也在悄悄地改变着人们的公共生活。某种程度上

---

① 展江：《哈贝马斯的"公共领域"理论与传媒》，载"新华网"，http://news.xinhuanet.com/newmedia/2006-01/01/content_3997346.htm.

② 〔美〕保罗·莱文森：《数字麦克卢汉》，何道宽译，社会科学文献出版社2001年第1版，第222页。

信息技术催生出公共生活实践的具体形式，互联网作为公共交往必要的媒介毋庸置疑地会对公共生活产生影响，这就是信息技术与公共生活的一般关系。具体而言，互联网以其所具有的广泛的普及性、平等性、匿名性、交互性等特征，可以促使公众在网络上围绕公共的与私人的问题进行淋漓尽致的讨论、甚至是理性的批判，使其与哈贝马斯所说的作为社会公众理性交往行动的公共领域之间，具有内在的关联与契合性。也就是说，以现代信息技术为依托的互联网足以塑造出、也确实塑造了一个全新的公共领域形态——网络公共领域，它符合公共领域的一般性要求，具备前文述及的公共领域基本的构成要素——主体间性、交往行动、关涉公共利益或公共价值，可以说是哈贝马斯公用领域理想类型的一种具象化、现实化，20 世纪 60 年代，当哈贝马斯阐述其"公共领域"思想时，虽然得到了诸多支持，但是也招致了不少质疑，质疑之一就是该思想具有乌托邦的色彩，即哈氏所说的公共领域是不存在的，即使存在也很容易被瓦解；网络公共领域基本成型，对哈贝马斯的思想乌托邦性质的质疑已经很难以成立了。

网络公共领域有着一些显著的特质，使得它的公共领域功能更能淋漓尽致地发挥，最大限度地保障了公共性。

其一，它更为开放和自由。公共领域是以"开放"为取向的，哈贝马斯认为，公共领域"原则上是一直向在场的谈话伙伴或有可能加入的谈话伙伴开放的。"[1] 网络公共领域是借助于互联网技术形成的交往空间，它以开放性为根本特征，一个人只要有电脑或者其他网络设备，就能自由进入到这个空间之中，在 BBS、网络社区、论坛、博客、微博等网络形式中参与公共生活，因此，网络公共领域将人们现实生活中由于时间、空间限制的有限交往，扩展为更大、更广、更普遍的交往结构。互联网的迅猛发展打破了公共领域发展的技术限制，降低了公共讨论的门槛，将公共生活的参与者最大限度地扩展到普通公民之中，由于兴趣的表达和聚合更加自由，参与者的自由感得到了增强。现代信息技术的发展使公共生活的结构和机制发生了变化，带来了

---

① 〔德〕哈贝马斯：《在事实与规范之间——关于法律和民主法治国的商谈理论》，童世骏译，生活·读书·新知三联书店 2003 年第 1 版，第 447 页。

开放跨域的行动自由，营造了去中心化和去层级化的交往氛围，呈现出现代交往主体开放、自由的空间，使得交往主体具有在场感和参与感，使得他们自觉或不自觉地融入其中，这是现代公共领域发生与发展的真实场景。

其二，它更为多元和平等。任何人都能够获得和发布各式各样的网络信息；而网络论坛、网络报刊、博客、微博、微信等往往是可以匿名的，即抹去了人们的身份、地位、性别等，有利于平等地沟通交流。在网络中交往可以匿名这一规定，使每一个参与讨论的交往主体能变成一个"纯粹的人"或自己想要变成的人，摆脱了现实社会中身份、地位、财富等的外在标签，得以平等地参与讨论；虚拟的网络使得人们更愿意表达最真实的想法和观点。相较于传统公共生活参与所具有的垂直单向性特点，网络公共领域带来的是交互性参与，网络技术改变了交往方式，交往不再是单向的点对点的或线性的，而是多向的、互动式的。

其三，它更加自主和互动。网络公共领域改变了交往主体的被动性、甚至是消极性，他绝非消极被动的接受者或是旁观者；个人不仅作为信息的接受者，也可以成为信息的制造者，可以根据自己的意愿制造信息、传播信息、接受信息，也可以主动地屏蔽信息、删除信息。"所有人对所有人的传播"以及"每个人都有一个麦克风"，这反映了话语权的分散化或者"去中心化"，在庞大的网络中，每个人既是中心又是非中心。网络使人们更愿意进行互动，即使是自认为非常"宅"的人，实际上也以自己的方式参与到公共生活中。个体在公共生活中可以发出自主的声音，以捍卫自身与众不同的话语权，消解原有的权威话语中心，对个体独立意识的觉醒发挥巨大的解放作用，同时推进公共生活的内容与形式逐渐丰富多样。

因此至此，信息技术与公共性的关系已基本明晰。网络虚拟空间作为个人表达和公共交往的新机制以其交互性、开放性、全球性、隐匿性、即时性等特点，被认为是在报纸、杂志、广播、电视受政治权力和商业力量影响逐渐失去公共性本质之后，公共领域走向复兴的一个新转机，开辟了重构公共生活的新时代，而且必将随着信息技术的发展而成为信息时代公共生活的主流形态。比起以往的公共领域类型更符合机会均等、平等参与和自由讨论等原则，因而实际上更符合哈贝马斯对公共领域的理性构型。网络公共领域并不意味着它就是整个互联网，笔者认为，根据哈贝马斯的理论来推演，互联网还包括了网络公权领域，比如政府部门所属的网站、微博、微信等，它也向网络参与者提供来自权力机关的信息资源，网络公权领域是现实公权领域的延伸，它的本质与现实公权领域是一致的。

当然，身处网络的公众有独立主动的积极一面，也可能存在着随众或极端的消极一面。网络公共领域同时蕴含着公共生活碎片化的可能，这就是当代公共生活的辩证法。这种公共生活的碎片化主要表现为过于弘扬自我、张扬个性，拒绝对话与合作，使得个体褪变成原子化个体，减弱了网络公共领域的凝聚力量。在网络公共领域中，有时充斥着恶搞、嘲讽、粗鄙、谩骂等网络群氓行为、网络暴力行为。此外，还有一种就是乌合之众的从众行为，法国社会心理学家古斯塔夫·勒庞曾深入分析一个社会中的群体心理。他认为，群体的集体无意识会展现出一些负面的特征，群体中的个人会隐藏自己的感情、思想和个性，以和整个群体保持一致，他们自觉的个性消失了①。在网络公共领域中，这种现象是比较明显的，比如对于同一个公共事件或同一个公众人物，往往会出现在这一个论坛中一边倒的意见，而在另一个论坛中却出现一边倒的另一种、甚至相反的意见，这都是网络集体无意识的负面效应的表现，也就是随众、顺从，缺少批判意识和自我主见的、盲目跟风，毫无建构意义，这些被调动和被利用的非理性行为，在很多情况下会演变成为破坏社会和谐有序发展的纯粹消极性力量。桑斯坦赋予互联网中的这种现象一个名称——"群体极化"现象。②不管是网络空间中社会整合力量的消解，还是网络群氓行为的非理性表达，都在削弱着网络公共领域积极的肯定性力量，都是我们在网络新媒体时代构建休戚与共的公共生活的障碍。这些都是必须要注意和警惕的。但是凡此种种都无法阻挡社会生活公共性增长的总体态势。

综上，哈贝马斯笔下的公共领域、公权领域，在 21 世纪的今天，在新媒

---

① 〔法〕古斯塔夫·勒庞：《乌合之众：大众心理研究》，冯克利译，广西师范大学出版社 2007 年第 1 版，第 45 页。

② 参见〔美〕凯斯·桑斯坦：《网络共和国：网络社会中的民主问题》，黄维明译，上海人民出版社 2003 年第 1 版，第 50—51 页。

体迅猛发展的条件下，佐证了甚至超越了哈贝马斯基于深刻的洞察力对公共领域的阐述。网络公共领域更有利于加强社会联系，促使公众自觉形成公共意识，科学技术的发展确确实实促进了公共性的深化和拓展。

第二节 大数据时代的公共性

美国学者托马斯·库恩（T. Kuhn）在《必要的张力：科学研究的传统和变革》一文以及在《科学革命的结构》著作中，提出了一个核心概念——范式，他指出，不同的"范式"必然对应着不同意义的历史。我们可以借用他的说法，来表明一个概念的出现和它所处的社会现实之间的关系：不同概念也必然对应着不同意义的社会现实，概念的变迁就意味着其所处的时代历史情境的某种变化。"大数据"（Big Data）这个概念或"范式"的出现，很好地诠释了我们当下时代基于互联网技术而发展起来的新变化和新特征。

据现有的资料，20世纪80年代，未来学家阿尔文·托夫勒曾预言大数据将是第三次浪潮的华彩乐章。美国学者维克托·迈尔－舍恩伯格（Viktor Mayer-Schnberger）在《大数据时代》一书中正式提出了"大数据时代"概念，他也被誉为"大数据时代的预言家"、"大数据商业应用第一人"。该书最重要的观点可以归纳为一句话："大数据的核心就是预测"；并指出大数据给我们分析信息带来三大变化：第一个变化是，在大数据时代，数据是如此的丰富和全面，以至于以往我们可能需要随机采样才能获取信息，现在却可以对哪怕是很微小的事物或很特殊的现象提取所有的数据，进行全面的数据分析。第二个变化是，以往由于缺乏足够的数据，我们对精确度非常珍视，要求非常高的精确度，现在却不那么热衷于追求精确度了。这两个变化促成了第三个变化：以往我们热衷于寻求因果关系，现在则淡化了对因果关系的追求。

由于是一个新出现的概念，"大数据"一词目前还缺乏一个明确的、一致公认的定义。2011年5月，美国麦肯锡全球研究院发布了一个报告，题目是《大数据：未来创新、竞争、生产力的指向标》，在这篇研究报告中给"大数据"下了一个所谓的定义："大数据指的是大小超出常规的数据库工具获取、存储、管理和分析能力的数据集。"[①] 有的学者重视大数据的功能，据此对"大数据"进行了一个功能性的定义：大数据是"在多样的或者大量数据中，迅速获取信息的能力"[②]。维基百科对它的界定是："大数据，或称巨量数据、海量数据、大资料，指的是所涉及的数据量规模巨大到无法通过人工，在合理时间内达到截取、管理、处理、并整理成为人类所能解读的信息。"[③] 本书倾向于使用维基的定义。大数据具有"4V+1C"的特征：（1）Volume，即海量的数据规模，统计表明人类近两年所产生的数据量相当于之前的总量；（2）Velocity，即处理速度快，海量的数据必须借助高效率的数据挖掘技术；（3）Variety，即多样化的数据类型，既包括传统的结构化数据，也包括各种半结构化甚至非结构化的数据类型，例如视频、音频、图片、位置信息等；（4）Value，即巨大的数据价值，但是价值的密度较低；（5）Complexity，即分析处理的复杂性加大[④]。这些特征都旨在说明数据之"大"、"巨"以及"海量"。

当前大数据的发展呈现出实体化、社会化和总体化的趋势，无论从速度、深度还是广度上都体现了现代科学技术的日新月异。从具体的数字呈现来看"大数据"，据国际数据公司的报告，"全球 IP 流量达到 1EB 所需的时间，在 2001 年需要 1 年，在 2013 年仅需 1 天，到 2016 年则仅需半天。全球新产生的数据年增 40%，全球信息总量每两年就可翻番。而根据 2012 年互联网络数据中心发布的《数字宇宙 2020》报告，2011 年全球数据总量已达到 1.87ZB（1ZB=10 万亿字节），如果把这些数据刻成 DVD，排起来的长度相当于从地球

---

① 赵国栋等：《大数据时代的历史机遇：产业变革与数据科学》，清华大学出版社 2013 年第 1 版，第 21 页。

② 赵国栋等：《大数据时代的历史机遇：产业变革与数据科学》，清华大学出版社 2013 年第 1 版，第 21 页。

③ 见维基百科，http://zh.wikipedia.org/wiki/。

④ 王倩、朱宏峰、刘天华：《大数据安全的现状与发展》，载《计算机与网络》2013 年第 16 期。

到月亮之间一个来回的距离，并且数据以每两年翻一番的速度飞快增长。预计到 2020 年，全球数据总量将达到 35—40ZB，10 年间将增长 20 倍以上"①。由此可见，我们每天、甚至可以说每时每刻、每分每秒都漂浮在数据的茫茫大海之中。

数据的海洋可以为我们带来什么？按照《大数据时代》的作者维克托·迈尔-舍恩伯格的看法，发展迅猛的大数据带来的是天翻地覆的变化：生产方式的变化、生活方式的变化、商业模式的变化、管理模式的变化、思维方式的变化、价值观念的变化等等，他由此得出了"大数据时代"已经到来的论断。哈佛大学社会学教授加里金则高度评价大数据，认为它的出现将带来一场革命，它使得各个领域——学术界、商界或政府都开启了一种新进程。本书认为，由于大数据必须以互联网络技术、云计算、非关系型数据库等信息技术为依托，"大数据"的本质是基于互联网基础上的信息化应用，因此，大数据时代从属于互联网时代、信息时代，它是互联网时代、信息时代延伸广度的提升或强化。

当前，在经济领域，大数据的确促进了商业模式的升级、行业的融合发展、产业的结构转型等，其经济价值是显而易见的。那么，在大数据时代公共性会有什么变化？大数据能给公共性带来什么？应该说，目前关于这方面的研究尚比较少见。从大数据的本质特点来看，由于它主要是对大量而无限微观的个体特征进行统计和量化，以此为依据来进行预测，大数据与传统数据模式不同，它的出现对公共领域和私人领域的影响是直接的和实质性的。应该说，大数据更为深远地渗透融合进公共生活中，进一步影响和形塑着人们公共生活，同时，也不可避免地对公共生活带来了冲击和挑战。

从哈贝马斯的公共性视域来考察大数据与公共性的关系，前文述及，哈贝马斯认为公共领域和公权领域都具有公共性，本书认为，相比较而言，大数据时代必将更多地、大大地促进公权领域的公共性的增长，对此可以进行一个初步的分析。

---

① 荆林波：《大数据时代带来的变革》，载"新华网"，http://news. xinhuanet. com/fortune/ 2014–05/26/c_1110849976. htm.

政府部门或国家权力机关是公共政策的制定者，是公共资源的评估者和提供者，也是公共服务的责任者、运行者和维护者，公共性正是公权领域的本质特征。无论公权领域进行什么公共活动，都需要掌握足够多的信息、资料和数据作为前提和依据，否则，有可能会做出错误的决策，从而造成公共资源的极大浪费，而公众对公共服务并不满意。因而，公权领域需要大数据，掌握大数据是公权领域的内在要求。

首先，大数据有助于公权领域把握公共意见。无论是卢梭所说的"公意"，还是哈贝马斯所追求的"公共意见"，都存在着如何获得的问题。谁会否认"公意"对保障公共性的重要意义呢？但关键的问题在于你怎么得知这就是"公意"呢？把握全体公众的意见，卢梭说这个是难以操作的，因此才会出现"代表制"等机制。如何有效地、最大化地获得公共意见，始终是公共性问题绕不开的主题。众所周知，人的思想观念实在太过于变化万端，人类活动实在太过于纷繁复杂了，不同的人、不同群体的实际参与能力也千差万别。在大数据时代，虽然说"公意"的获取问题也没有彻底解决，但是应该说解决了大部分，这就是科学技术为维护公共性做作的贡献。为什么这么说呢？因为没有接触互联网的人，大数据还是无能为力的，但是只要一个人拥有电脑或手机，尤其是使用手机，无论使用者或者说行动主体做了什么，互联网都能捕捉他所留下的痕迹，而且是全部信息，形成数据，所有网民的信息就构成大数据，再利用数据分析软件去获取关于某个主题的相关信息，加以分析，这就能最大限度地获知"公意"。公共意见的表达和聚合就这样操作完成，这是通过大数据的相关性分析而获取的。大数据是"通过去探求'是什么'而不是'为什么'，相关关系帮助我们更好地了解了这个世界"[①]。通过相关性分析所得到的公共意见可以说是共同体所承认和尊重的，因为这是尊重事实真理。大数据的出现，最大限度地避免了"代表制"机制的损耗和局限，为公共意见的无限聚合提供了行之有效的、强有力的保障。同时这也是通过数据符号的方式，确证公共权力持续的合法性来源。

---

① 〔英〕维克托·迈尔－舍恩伯格、肯尼思·库克耶：《大数据时代》，盛杨燕、周涛译，浙江人民出版社 2013 年第 1 版，第 83 页。

实际上，公权领域由于其地位和职能，它是社会各领域大数据的强势拥有者，它在数据保有、占有方面具有天然的得天独厚的优势。它可以获得社会方方面面的大数据，人口、交通、卫生、社保、税收、城市规划……能够掌握到个人或团体组织等所不能掌握的、前所未有的全面信息。大数据已经在政府部门展露出了巨大的发展潜力。政府部门可以把不同来源的信息聚合，将信息孤岛将变成一片充满活力的数据海洋。

其次，大数据有助于公权领域形成公共决策。哈贝马斯在《在事实与规范之间》中说，公共意见不等同于公共决策，公共决策需要由公权领域依法进行。由于依托大数据聚集公众的看法观点，哪怕是非常特征化、表层化的行为方式及观念认知，作为一套现代技术编织成的资源架构，大数据能够还原和呈现信息获取的状况，可以进行数据采集和全面分析，获得了公共意见，公共决策就获得了最可靠的基础性的信息资料。各种个人和社会主体的表达是菜单化、个性化的，是提出其利益、愿望和要求，都希望自己的利益偏好得到优先照顾，实现自我利益最大化。政府决策者借助于大数据，了解动态、获悉国计民生，把握公共参与的实际需求，提高整合水平，对其中富有意义的信息进行专业化处理和专门化处理，及时实现从公共意见向公共决策的结构性转化，并在对其进行有效处理的基础上，从大量个体的行动轨迹之中更为准确地归纳和总结事物发展的内在必然性——大数规律。何为大数规律？这是一种统计学的规律，它指的是在包含有数量足够多的大群体中，虽然每个个体的行为是如此随机、模糊、杂乱无章、毫无规律、难以预测，但是只要统计的次数足够多，信息足够全面，还是能在大群体中发现某些内在的、稳定的、必然的联系，也就是某种规律。

在大数据条件下，由于它强调掌握数据的全面性，不会遗漏那些即使是极其特殊的"个案型数据"，所做的数据分析是对全部数据的分析，提升了数据的覆盖能力和分析能力，这使得信息的确定性具备了真正的可能性。换言之，我们将得到非常准确的信息，基于明确信息，我们可以根据大数规律，对事物、现象等的未来发展做出更为准确的预测，这都能有效提高政府的决策力。根据大数据分析，政府部门将可以进行有针对性的公共决策，决定公共资源配置的过程。也就是说，公权领域对个人和各种社会利益集团的利益需求进行量化、测算和平衡，形成最优方案，大数据发挥的决策作用非常多元和丰富，可以防止粗糙、低效，能为不同领域、不同导向、不同目标做出公共政策，提供公共资源的再分配。总之，在获取公众意见的基础上，以大数据分析结果为参照导引，公权领域可以通过科学的而非经验决策的方式，对决策目标、内容和程序能进行系统高效的论证，进一步促进了公共性的达成。赫伯特·西蒙曾指出：人类的理性是有限的，因此所有的决策都是基于有限理性的结果。借助于可靠的大数据分析结果来辅助决策，人类理性的范围将会扩大，有了科学的分析，决策的质量就能提高。有了高质量的公共决策，公权力的执行者将能更好地提供公共服务，进行公共管理，实现公共利益或公共价值。

第三，大数据能推进公权领域的公共执行力。如果仅仅形成了良好的公共决策，但是并没有贯彻实施，那么，决策就是一纸空文，公共性也还是一种虚妄。从公共决策到决策的真正落实，还需要一个实行的过程，才能使公共利益、公共价值得到实现。在传统的公共决策执行过程中，一般而言，这是一个自上而下层层推进的过程，往往凭借政治权威来加以贯彻，难以根据不同群体、不同地域等的需求进行推进，带有粗放性的色彩，因此引发一系列政策低效和公共表示不满等现象。有了大数据的辅助作用，政府的政策、命令等能即时和精准地根据不同群体、不同地域等下达，有效消除了时空滞碍，节省成本，在治安信息网、教育、养老、公共交通、医疗和社会救济等领域等能做到高效、客观、精准化。可见，大数据可以保障公共决策执行过程的针对性、时效性、灵活性。同时在公共政策的执行过程中，充满着矛盾和冲突，各利益集团之间、决策者之间进行着反复的博弈。大数据则能在符合数据特征的条件下，将信息的延展功能和资源配置功能最大化，政府通过大数据收集复杂群体的资料，分析如何进行社会资源更合理、更优化的分配，而且能迅速搜集政策执行过程中遇到的问题，能及时回馈、处理和解决，使公权领域的功能发挥得更充分，促进社会资源更公平、公正、公开的分配。

而大数据时代不仅要求公共权力整合数据，也要求其开放公共数据，实现信息共享，因为政府开放公共数据，才能保证信息获取以及再次获取的准确性，才能获得公共领域的共鸣、公众的支持。从现实的情况看，美国联邦

政府建立了"Data. Gov"网站，开放一些公共数据并鼓励挖掘。截至 2011 年
12 月，该网站共有 3721 项原始数据、386429 项地理数据、1570 个数据可视
化应用。"2013 年 6 月在英国北爱尔兰召开 G8 会议，签署了《开放数据宪
章》，要求各国政府对数据分类，并且公开 14 类核心数据，包括：公司、犯
罪与司法、地球观测、教育、能源与环境、财政与合同、地理空间、全球发
展、治理问责与民主、保健、科学与研究、统计、社会流动性与福利和交通
运输与基础设施。2013 年 7 月，我国国务院就要求推进 9 个重点领域信息公
开工作。"[1] 大数据共享平台，对于每个社会公众而言都是公平的，他们可以公
开平等地获取。随着信息可视化手段的普及，数据不再艰深难懂、复杂枯燥，
也保证了公众的信息共享和使用。当人们就其中的数据信息进行讨论，则构
成相应的公共领域，或是肯定政府决策，或是监督公权力的运行，一句话，
都能促进公共性增长。

当然，大数据也对公权领域显现出正反两方面的效应。前文提到，探讨
信息技术和公共性的关系一定要坚持辩证的视角，因此虽然我们着重分析了
大数据对公共性提升方面的正向效应，但是它的负向效应也不容忽视。大数
据时代也使得公权领域通过掌握信息而掌控私人领域和公共领域。大数据的
发展必然涉及个人数据的获取，不可避免要进入甚至可以说是全面进入到私
人领域。这是一个由数据构成的世界，每个人每天的生活被大数据包围着，
而每个人都是一堆数据的总和。在前互联网时代，每个人相关数据的采集是
相对困难的，互联网对网民的活动痕迹的记录是非常强大的，它能方便快捷
地获取关于每个人的大数据，由此会形成一种"数字化记忆"效果，作为一
种"全景控制的有效机制"，[2] "在大数据时代，想屏蔽外部数据商挖掘个人信
息是不可能的。"[3] 这一切都在不知不觉中发生，不管这些数据是个体自愿提供

---

① 荆林波：《大数据时代带来的变革》，载"新华网"，http://news. xinhuanet. com/
fortune/ 2014–05/26/c_1110849976. htm.

② 苑雪：《大数据时代网络社会管理中的政府行为模式创新》，载《广东行政学院学报》
2013 年第 4 期。

③ 王倩、朱宏峰、刘天华：《大数据安全的现状与发展》，载《计算机与网络》2013 年
第 16 期。

还是拒绝提供的，个体行为都以数据的形式被记录、储存和处理。"基于静态数据集的传统数据隐私保护技术面临挑战"①。

一方面，公权领域要进行高质量的公共管理，获取全面数据是必然的；另一方面，私人领域存在的意义就在于其隐私性，即非公开性、不可共享性，大数据时代会严重威胁人们的隐私和自由。同时，公共政策制定者的自利性偏好有滥用公共权力的可能，在与各方的博弈中掌握主动，甚至垄断，把大数据作为一种谋利的工具，在某种意义上大数据存在被滥用、误用、非法使用的风险，造成对个体的侵害。由于这种侵害内生于既有的政治系统，个体或私人领域乃至公共领域很难具有相应的抗衡力而避免这种侵害。从理论上看，在大数据时代，任何个人实际上被还原成数据而失去了绝对意义的私人性，这个时代将可能导致"弱私人领域"的出现，或者甚至导致私人领域的全面瓦解。

哈贝马斯曾对公共性危机深深忧虑，因为公共领域会遇到来自两种权力的侵蚀：一种是国家权力，另一种是商业权力。大数据本质上还是一种中介或媒介，它也容易受到上述两种权力的操纵和控制。公权领域和大数据之间的关系前面已经做了分析，大数据除了保障公共性的实现，它也有可能被垄断。大数据垄断是大数据时代存在的问题之一，除了公权领域凭借国家力量的垄断之外，经济领域或商业领域的行动者也可能会造成大数据垄断，尤其是那些庞大的商业帝国，他们在商业活动过程中也获得了大数据，并且也非常善于自由运用这些大数据，大数据的拥有者经过信息分析，衍生出诸多个性化、智慧化和交互化的信息产品，它如此契合每个人的需要，仿佛每个人的兴趣、爱好和特点等得到了充分的考量，因而公众对大数据的好感剧增，并因为这种尊重感和满足感而大力拥护它，对大数据控制私人领域浑然不觉。

大数据可以被商业行为如此自由地使用吗？大数据源自作为私人的公众，商业的谋利行为可能带来诸如损害个人隐私等后果。大数据的拥有者相当于占有了一种重要的数据资本，有了资本他就在数据的提供方面占有了主动权，

---

① 胡坤、刘镝、刘明辉：《大数据的安全理解及应对策略研究》，载《电信科学》2014年第2期。

有了由资本衍生的各种权力，如技术占有、市场占有、话语占有等等，从而占据绝对优势，从诸多方面造成对数据使用的私人的权力支配，由此产生人与人之间、群体和个体之间、群体和群体之间的数据制裁、数据鸿沟、数据歧视乃至数据暴力等问题。此外，大数据的拥有者还可能出于经济利益的考量而将大数据转让、买卖等，这同样增加了个人隐私泄露的风险，呈现不可控性，增强了个体的不确定感和不安全感，对常规的生活秩序带来冲击和挑战，这不仅是对个体的支配和占有，而且由于正如哈贝马斯所说的，进入公共领域的公众首先是真正意义上的私人，所以也就意味着对公共领域的占有。

此外，大数据时代主体性还可能被弱化，从而影响到公共领域的良性发展。由于数据过于庞大，而且每天还以不可思议的速度增加，个体好像沉溺在数据的海洋中，深陷其中难以自拔，有一种渺小感、无力感，只能是被动地适应，个体的虚无感会导致某种集体无意识，使得其所呈现出来的大数据实际上是一种"非理性数据假象"，造成表象与实质相混淆，马克思所充分肯定的"人的本质力量"被大大地削弱了。因而技术进步给公共领域、生活世界带来的效应可能并不完全是正面的，前进中的技术系统悄然改变了公共领域的结构要素，影响着它正面功能的发挥。

通过以上多个层面的分析，我们明白大数据不仅给公共生活创造新的机遇和条件，也带来诸多风险和潜在难题。大数据存在着诸种未知和可能，合理利用并促进大数据的发展，就显得十分必要。应该审慎地思考，理性地面对，避免走任何极端。目前来看，我们必须承认大数据对公共性的塑造和保障还是主要的，应该对大数据对公共性的意义和作用达成共识。因此，我们需要客观而理性看待大数据给公共性所带来的正向和负向效应，可能需要做的是合理评判大数据，理解大数据对公共性的推动并非一蹴而就，理清数据的获取和数据的使用之间的界限，并进行大数据立法和大数据执法，走法治化的发展路径，设定某种制约，既保证共享又防止滥用数据，将大数据对我们公共领域的占有和垄断控制在一定范围内，合理规避大数据所造成的局限。

从现实层面看，大数据时代依然是能保障公权领域的公共性增长的。我们看到，出于对大数据助力公共决策等的高度认可，美国政府的"大数据发展研究计划"已经在 2012 年启动。中国作为后发展国家，对大数据的需求是非常巨大的，我国目前虽然还没有国家层面的大数据战略规划，但不少专家学者已经纷纷向相关国家机构建言献策，希望政府在不久的将来，能够对大数据战略的发展目标、基本原则、核心技术等方面做出顶层设计。在 2015年，我国印发了《促进大数据发展行动纲要》，明确提出"要通过加快政府数据开放共享，推动资源整合，提升治理能力；推动产业创新发展，培育新兴业态，助力经济转型；强化安全保障，提高管理水平，促进健康发展"三个基本要求。这份纲要明确要求政府在大数据时代提升治理能力，引导社会的总体价值观，完善现有制度、政策和利益分配机制，推进公共权力更好地履行自身的政治责任和社会责任，保障公众的权利，更为积极、理性、科学地推进社会公平正义，为实现公共性作出应有的贡献，这才是社会公众所乐于见到的。

第三节　微时代的公共性

对当代科学技术带来的互联网与公共性的关系的分析，既可以从宏观结构的角度进行，也不应该忽视微观载体的角度。21 世纪以来，互联网、数字技术的深入发展促进了微时代的到来，世界已悄然进入了以传统电脑、平板电脑和手机为载体，微博、微信、微视频等为介质的微时代。这是通过互联网这个平台、附着在电脑和手机上帮助用户实现即时沟通的一种方式，是网络时代信息时代的深化。当我们每天早晨醒来便阅读公众号推荐的文章，夜间入眠在朋友圈道晚安，我们已经真真切切地从感性层面体会到科学技术带来的新变化，但是这还远远不够，还应该从抽象思辨的层面去把握这一新变化。

陶东风教授所写的《理解微时代的微文化》一文研究了时代的新发展、新变化，文中对"微时代"下了一个覆盖面极广的定义："微博、微信、微贷、微电影、微小说、微媒体、微广告、微支付、微信用、微管理、微投资、微生活……所有这些以去中心化、动态化、碎片化、零散化、即时化和赛博化为特征的新兴的传播方式、文化形态乃至经济活动形态、日常生活形态，已经在潜移默化间重新定义了我们的时代。"①

当前微时代最常用的介质是微博和微信，"双微"迅速融入了人们的日常生活。在目前所能查阅到的最新《第 39 次中国互联网络发展状况统计报告》中，我们可以获得这样的数据：截至 2013 年 6 月底，中国网民数量达到 5.91 亿，微博网民规模为 3.31 亿，较 2012 年底增长了 2216 万，增长 7.2%。网民中微博使用率达到了 56.0%，较上年底增加了 13 个百分点。自 2011 年 1 月 21 腾讯公司正式推出微信以来短短两年间，微信的用户已经超过三亿人。无论是微博还是微信，都设计了"三个社交空间：其一为一对一的私密社交空间，交流双方的交谈内容带有一定的私密性；其二则是多对多的群聊空间，呈现一种圈子化的倾向，并且交谈内容仅为圈子内的用户所见；其三为一对多的广场式社交空间。"②

从发展现状来看，微信正以极大优势压倒微博。"首先微信沿袭了旧版 QQ 的即时通讯功能，并在其基础上加入了语音通信、视频聊天等更便于使用的功能，充分彰显了移动社交的便捷性；其次，微信朋友圈则是对微博信息发布与分享功能的改善，其'非好友不可见'的原则一度有效地避免了微博信息冗余与隐私泄露等方面的问题，吸引了普通个人用户以无限的热情投入这种半私密社交；同时，其颇具独创性的'公众平台'功能又成功笼络了微博上粉丝数量众多的信息发布主体。换言之，微信之所以取得成功，不仅仰赖于腾讯公司多年积累的基数庞大的 QQ 用户群，更重要的是，它整合了微博与旧版 QQ 的多项功能，并在原有基础上对其进行了不同程度的改善。也正因为如此，微信社交成为微时代移动互联的典型表征，折射出技术作用下的亲密关系与人际交往模式的改变。"③从公共性的视角看，微信的特色在于更加有效地区隔公共空间与私人空间，更好地保持了公共性和私人性之间的平衡，

---

①　陶东风：《理解微时代的微文化》，载《中国图书评论》2014 年第 3 期。
②　农郁：《微时代的移动互联：轻熟人社交、交往快感与新陌生人社会的伦理焦虑——以微信为例》，载《文学与文化》2014 年第 3 期。
③　农郁：《微时代的移动互联：轻熟人社交、交往快感与新陌生人社会的伦理焦虑——以微信为例》，载《文学与文化》2014 年第 3 期。

在这个意义上，微信主体间的交往称得上是真正体现主体间性的交往。

微主体的情况比较复杂，他可能是真实主体，这一主体充分彰显了个性，具有较强的人格魅力，获得了认同感，如很多实名认证的微博博主，甚至被称为微博意见领袖，往往影响大批粉丝和舆论走向，微博使得个人的个性化风格特征得以彰显，这也是微博持续发展的原动力；还有微信朋友圈，即熟人圈子，交往主体们的身份是真实的。他也可能是虚拟主体，是现实生活中主体的一种假设。他可能是固定的主体，比如在某个微信圈中，他有固定的身份，并且一直持有同一身份。他也可能是变换的主体，他在不同的身份之间随意切换，在私人领域和公共领域随意出入，飘忽不定，瞬息万变。

微主体可能表达真实的自我，体现主体性，因为微时代的网络社会中，每个人都可能是信息的提供者，信息的内容则是由原子化的个体生产出来的，而接受何种信息也是自我选择的结果等等，在"微时代"，在这种自我的个体化甚至原子化的状态中，"双微"为个体的呈现提供了畅通的平台，每个个体都可以从自己的私人领域走出来，迅速地进入到公共领域之中，对发生在公共空间中的社会事件发表自己的看法和意见，每个微不足道的"碎片"、"原子化个体"的价值和诉求都得到了最大程度的尊重与满足。他也可能是沉默的主体，不会表达出自己的声音，有的学者用"沉默的螺旋"这一比喻来说明这一现象。"'沉默的螺旋'这一概念最早是由德国女社会学家伊丽莎白·诺尔-诺依曼提出的，她以形象的"上升螺旋"来比喻一个抽象的传播过程，即个人为避免受到社会孤立，会在发表个人观点之前对周围的意见环境进行观察，当发现自己处于'多数'或者'优势'意见时，他们便倾向于积极大胆地表明自己的观点；反之则会屈服于环境压力而转向'沉默'或者附和。"[1]

微主体的交往行动具有以下特点：

便捷性、即时性。所谓移动互联，顾名思义，就是移动着的互联网，其根本属性就是可移动性。互联网如何才能移动呢？必然是它的载体是能够移

---

[1] Elisabeth Noelle-Neumann, 1993: "The spiral of silence: publicopinion-our social skin", Chicago: heUniversityof Chicago Press, 59-62.

动的。互联网以前的主要载体是台式计算机，这种载体体积较大，又需要网线等必不可少的辅助设备，不方便携带，必须固定在一处使用。在当今时代，也就是近几年来，人们更愿意使用移动终端，如笔记本电脑、手机、IPAD 等等，尤其是手机，兼具通话和上网的功能，最为受用户欢迎。移动互联可以打破时空限制，随时随地进行沟通联系，当然这需要在移动通信讯号覆盖的地方才可以进行。不管怎样，现代信息技术的发展，特别是网络技术的广泛使用改变了信息的传播模式，移动互联为与以往不同的交往方式的出现提供了技术基础。从物质形态上看，"双微"的载体越来越小巧轻盈，甚至可以集中到一部手机之上，因此非常便于携带，人不离机，人机一体，具有很强的流动性。因此，清华大学尹鸿教授认为，当今世界传播形态正在转变为点对点的网状传播，由此带来媒介与通讯的合一、传播与接受的合一、信息与生活的合一。微博和微信等具有人际间快速交互反应能力。微信的朋友圈更是一张无边际的网，信息传递就像水波一样迅速而无声地扩散。而微博也是如此，比如一些明星的微博，粉丝超过 100 万，甚至超过 1000 万，相当于一家省级卫视。以粉丝为诉说对象的微博客用户通过"转发"与"评价"功能就形成了信息制造、生产与传播的多重嵌套机制，从而可以在短时间内将一些为大众所关注的热点问题迅速地在全社会扩散开来，进而将地方性、个别性事件扩展为全国性、公共性事件，产生巨大的影响力。

碎片化、快餐化。微博的"微"在于碎片化时代的来临。人们在自己工作间隙、休息间隙获取信息。"美国作家尼古拉斯·卡尔在《互联网如何毒害了我们的大脑》一文中曾尖锐地指出，传统纸媒更有助于让我们进入一种较为持续的聚精会神的状态，而这种持续性的关注显然更能促进深度思维和创造性思维。相比之下，互联网鼓励我们蜻蜓点水般地从多种信息来源中广泛采集碎片化的信息，导致我们正在丧失专注能力、沉思能力和反省能力。研讨会上一些学者认为，微文化带来的碎片化、快餐化会破坏知识的累积感，影响知识体系的整合。"[①] 信息获取快餐化，只求获得即时的愉悦和满足，但

---

① 陈宇颖：《无"微"不至新时代——"微时代微文化"学术研讨会综述》，载《民主》2013 年第 12 期。

这影响到了人们的理性思维能力的养成。"人们对新的东西越来越感兴趣,来不及思索新事物的含义和价值,微思维的流行是这种社会生活的反映。但是长期的微思维,必将使思维系统化、逻辑化的综合整理能力下降,习惯'读微',必将使人头脑中聚集大量碎片化记忆,使头脑中的信息杂乱无章。"①

微时代的交往行动导致了网络公共领域的发展壮大。微博形成的主要是从中心点向外辐射的多中心网状结构。微信形成的主要是点对点的网状结构。微博博主和粉丝的互动,尤其是微信中的朋友圈、各种微信群以及出于公益目的的公众号等,这符合了当初哈贝马斯所界定的"公共领域"及其特征。让我们再一次回顾哈贝马斯对公共领域的界定:"所谓'公共领域',我们首先意指我们的社会生活的一个领域,在这个领域中,像公共意见这样的事物能够形成。公共领域原则上向所有公民开放。公共领域的一部分由各种对话构成,在这些对话中,作为私人的人们来到一起,形成了公众。那时,他们既不是作为商业或专业人士来处理私人行为,也不是作为合法团体接受国家官僚机构的法律规章的规约。当他们在非强制的情况之下处理普遍利益问题时,公民们作为一个群体来行动;因此这种行动具有这样的保障,即他们可以自由地集合和组合,可以自由地表达和公开他们的意见。"② 因此,微博、微信的广泛使用所形成的"微交往",是公共领域的蓬勃发展的重要标志。

微主体基于各自在生活世界中的体验,出于兴趣爱好等各种目的,围绕不同工作、学习和生活的议题,即使在地域上分散,但还是能建立形形色色的微信群即时进行交流,结成纵横交错的联系,所形成的是大量的中立性的公共领域。但是很显然,有一些公众号、一些微信圈是围绕政治议题的,公众可以借助微信就公共问题直接向政府发表意见或投票表决,改变了以往单向的公共权力运行模式,以往的包括"双微"出现之前的互联网的参政议政是建立在信息不对称的基础之上的,政府拥有绝对的信息资源,公众在很多时候面对的是一种信息黑箱,政府和公众彼此之间缺乏有效的互动和沟通,

---

① 黄云明、黄华英:《"微时代"哲学精神之旨归与养成》,载《理论界》2013 年第 3 期。

② 汪晖、陈燕谷:《文化与公共性》,生活·读书·新知三联书店 1998 年版,第 125 页。

或者有些互动和沟通是个别性的，是广大公众无法知悉的。而通过微博、微信等独特的传播与扩散机制，对公共权力进行有效监督，带有"半直接民主"或"直接民主"的意味，其力量是如此之大、影响是如此之广，权力主体也对之越来越重视，从根本上改变公众"缺席"或者"沉默"的窘境，并带来公共领域和公权领域的双向互动，必然地成为微主体参政议政的新形式，成为影响公共政治的重大因素。

当然，如今公权领域也开始借助微博、微信来发布信息，与公共领域互动。在互联网发展的早期阶段，网络基本上只承担信息发布功能，这些信息往往是经过审查、筛选之后的信息，形成由信息提供者向信息接收者提供的单向信息流，公众只能以单向的信息获取渠道为主。公权领域通过微信、微博的问政平台扩大政府信息公开，公众则通过"双微"获取政务信息以及参与公共讨论。政府部门的微信、微博和公众之间形成的是一种交互性的、即时的、有序的信息传播与交流机制，使信息单向获取与双向互动并存，这大大扩展了公权领域与公众交流的广度和深度，开启了现存政治结构自上而下与公众自下而上政治参与的良性互动，既丰富了传统的参与形式，又创造了新的参与途径，在某种程度上缓解了公权领域和私人领域之间的紧张状态，推动公共生活向有序化发展。

网络公权领域凭借"双微"技术，有利于获得公众的共鸣，形成更加广泛的社会认同，也有利于迅速地捕捉社会问题，和公共领域一道，借助公权领域的强制力量，促进社会问题的解决。"交往的意见与具体的行动责任相分离"了，使"公众卸掉了决策的负担……而留给决策性建制去进行。"[1]微公共领域则承担着形成公共意见、公众舆论的功能、批判的功能和监督的功能等。微公共领域和微公权领域的互动为批判精神的产生和公共舆论的生成提供了新的重要空间和环境，形成一种和宏观政治呼应的微观政治，哈贝马斯所说的私人领域和公权领域之间的"共振板"和"传感器"形成了，由此也就促进了公共性的增长。

---

① 〔德〕哈贝马斯：《在事实与规范之间——关于法律和民主法治国的商谈理论》，童世骏译，生活·读书·新知三联书店 2003 年第 1 版，第 448 页。

最后让我们做个小结，大数据对公共性的贡献和塑造主要体现在公权领域方面，微信、微博等对公共性的贡献和塑造主要体现在公共领域方面，需要注意的是，微时代和大数据时代的公共性并非全然脱节，而是相互渗透的、相互交叠的，在微时代自我个体化倾向非常明显，甚至出现原子化生存状态，众多个体原子化意见表面上看过于琐碎、微小甚至无意义，确实有时这种碎片化、原子化状态有碍于凝聚力、向心力和社会共识的形成，但是众多的原子汇聚的总体图谱，却可能呈现出某种惊人的效果。简言之，大数据起于微小数据，微小数据汇成大数据。科学技术的发展促进了这种交融，比如在微信上安装一些软件，就可以获得任何一条信息传播的范围、速度、规模及其所能产生的影响等等数据，应该说，网络技术目前对大数据和微载体之间相互关联的潜力还没有完全开发出来。

总体而言，当今时代，在现代信息技术的迅猛发展的推动之下，公共性有着内在的矛盾性或者说悖论：一方面，可以说公共性被强化了；公共性呈现出确定不移的、不断增强的发展趋势。另一方面，在一定程度上公共性却被弱化了；由于现代科学技术所带来的人与人之间的虚拟交往、匿名交往等，主体身份的隐匿、主体之间关系的游移不定等等，使得当代公共性变得游移、不清楚，越来越具有模糊性、随机性、不确定性，甚至是被瓦解了，这种图景的公共性可以被称为移动的公共性、模糊的公共性或者半公共性。这就越来越复杂了。

科学技术的发展总是超乎人们的想象。有谁知道，下一步将是什么来挑战人类的哲学思考呢？

余 论

一、从哈贝马斯的公共性思想到公共哲学

无论是西方社会，还是东方社会，都已经走过了数千年的历程，形成了自身的生存样态、生活秩序，也遇到了各自公共生活的危机，尤其是在现时代，公共性危机更是带来了个体生命存在与生活意义问题等的深度迷茫与困惑。事实上，由于公共生活合法性危机的出现和加深，如今，公共性、公共领域、公共伦理、公共理性、公共精神、公共价值等学术范畴的讨论和追问还在继续。哈贝马斯对公共性、公共领域以及市民社会等的理解及其谈论方式，可以启发我们更好地去建构当今的公共哲学。

在导论中，笔者提到，无论是在欧美还是在日本，公共哲学都已经被提出来，尤其在日本，它形成了一种影响很大的学术运动和现实运动。公共哲学实际上发端于古代，但是现代公共哲学作为一门新兴的分支学科，无论在美国，还是在日本、中国，都是一个产生历史不太长、尚未得以完备确立的学术领域。即使是"公共哲学"概念本身，看似是一个清楚明了的概念，其实争议不少。李普曼只是从西方自由民主制度下的自由公民的责任问题出发，提出了构建一种公共哲学的必要性。至于公共哲学是什么、是一种怎样的哲学问题并没有给予明确的解答。李普曼之后，学者们的理解各异。山胁直司把"公共哲学"这个概念定义为"从哲学上探讨诸如政治合法性、社会正义、

战争与和平、环境问题、公共记忆等各种各样的公共问题的哲学"①；万俊人认为，"如果人们仍然认定'哲学'乃'爱智'的原始本义，那么'公共哲学'的概念就应当首先限定在人类对公共生活智慧的追求范围内。"②还有其他的界定等等，不一而足。

有一个现象是，很多学者在研究哈贝马斯的公共领域理论或公共性思想时往往将之归结为政治哲学的范畴，有人则认为更确切地说应该属于公共哲学的范畴。就目前掌握的文献资料来看公共哲学和政治哲学的关系是争议较大的问题之一。之所以如此，可能与公共哲学与政治哲学有较多交叉的研究空间有关。

有人认为，政治哲学是公共哲学的一部分，"政治哲学是以哲学的方式探讨政治存在、政治价值和政治话语的一种理论知识体系。政治哲学作为公共哲学的重要组成部分，在社会整合和社会进化发展中，尤其是在历史大转折时期，起着极其重大的社会导向作用"③；之所以认为公共哲学包含政治哲学，原因在于持该观点的人认为"公共"概念比"政治"概念的外延要宽泛得多，"公共"范围内的事务未必都是"政治"事务，而"政治"事务必然是"公共"事务。因此，他提出要积极创建公共哲学，这样可以提高公众的政治判断力、政治共识度，提高社会的政治有序性。有人则认为，公共哲学是政治哲学讨论的一个组成部分，或者说政治哲学研究到一定的阶段衍生出了政治哲学，政治哲学在西方是如火如荼的显学，涌现出诸多思想家，如罗尔斯、诺齐克、桑德尔等等，他们热衷于探讨"正义""善""自由"等问题，有人指出，当人们把政治哲学的核心理念引入到对一般公共事务的讨论时，就衍生出一种新哲学——公共哲学。有人则提出由于政治哲学和公共哲学所关注的都是公共事务，它们研究的主要范畴都是重合的，因此，政治哲学和公共哲学没有实质上的区别，可以混同使用，"政治哲学不能回避对基本政治范畴

---

① 〔日〕山胁直司：《作为 21 世纪一门综合性跨学科的跨国公共哲学观念》，俞丽霞译，载《第欧根尼》2011 年第 2 期。

② 万俊人：《公共哲学的空间》，载《江海学刊》1998 年第 3 期。

③ 朱士群：《政治存在、政治价值和政治话语——试论作为公共哲学的政治哲学》，载《学术界》2000 年第 3 期。

或概念、围绕这些概念而展开的基本政治观点的回答。对诸如权力、权威、国家、主权、法律、正义、平等、权利、财产权、自由、民主、公共利益这些最基本的政治概念，政治哲学均需要进行基本的概念分析和理论推导，并标明自身的基本理论倾向。政治的目标是制定政策，也就是处理公共事务。"[①]

本书认为，尽管公共哲学与政治哲学之间有着"剪不断、理还乱"的关系，但是公共哲学应该有自己的学术领地、自己独立的规定性。公共哲学和政治哲学尽管有交叉，但是它们都有自己侧重研究的对象。因此，首先要确定的就是研究对象的问题，或者说研究的理论限度的问题。只有这样才能大致把握该种分支哲学的基本主题和理论空间。那么，公共哲学侧重于研究什么呢？日本学者佐佐木毅认为，公共哲学，是一门"从公共性的角度综合论证哲学、政治、经济及其他社会现象的学问"[②]。他指出，21世纪学术已进入到后专业化时代，在这一点上，他和山胁直司有共识。所谓后专业化，是指"各学科在灵活运用其专业优势的同时，也要认识到各自的局限性，相互交流、相互影响，面对社会各种问题"[③]。公共哲学也应该意识到自己的局限性，它很显然不是囊括社会一切方面的解释系统。笔者认同他的观点，并倾向于哈贝马斯的立场，将公共哲学的主题确定在公共性上。

因此所谓"公共哲学"，顾名思义是关于或着重讨论公共性的哲学。从逻辑上说，人类只要有公共生活，就必然有人对之进行理解、反思和追索。公共哲学关注的就是社会公共生活，它探讨的是与公共性相关的一般性的、根本性的问题，其核心就是公共性，它是人们对社会生活或公共生活之智慧追求。公共哲学应有其特有的公共性的主题范围，在理论层面上，它虽然涉及公权领域，但侧重点应该是"公共领域"，向下延伸到生活世界，尤其是公共领域和私人领域之间的关系，在有的文化圈中，往往简化为"公与私"或"公私关系"，这应该是公共哲学不断地、反复地研讨的问题。政治哲学对权

① 顾肃：《试论当代政治哲学的学理基础》，载《复旦学报》2004年第5期。
② 佐佐木毅、金泰昌：《21世纪公共哲学的展望》，卞崇道、王青、刁榴译，人民出版社2009年第1版，第22页。
③ 佐佐木毅、金泰昌：《21世纪公共哲学的展望》，卞崇道、王青、刁榴译，人民出版社2009年第1版，第24页。

力更为关心。政治哲学可以一般地被理解为对于政治生活的哲学反思，人类政治生活是人类社会生活的一个特殊的组成部分，政治生活是以"公共权力"为核心的广阔领域和基本结构，其范围是公共权力运行涉及的所有空间，但政治哲学侧重于围绕重要对象——权力进行探究，它应该是对"公权领域"的现象、规律、价值目标等的哲学思考。通过这一梳理，可以大致看出政治哲学和公共哲学的区别和联系。当然，这只是笔者的粗浅理解，可能有不周延之处，有待于以后进一步完善。

二、中国公共哲学研究的独有论题

我国的公共哲学研究起步较晚，于 20 世纪 90 年代末才初露端倪，发展到现在，依然是非常稚嫩的。迄今为止，我国学术界的公共哲学研究已经着手进行了以下方面的工作：公共哲学概念的厘定、空间的把握、主要论题的梳理等，而"中国问题"则当仁不让地是我国的公共哲学研究的一个落脚点。可以说从 20 世纪 90 年代末期开始，已经有一批学者逐渐自觉转向关注并探讨中国的公共哲学问题，结合中国的实际，形成了一些中国学界独有的论题。

（一）马克思主义哲学和公共哲学

马克思主义是一个开放的、随实践的发展而发展的体系，它随着时代精神的变化，不断吸纳新的论题和内容，不断自我反思与建构，对马克思主义哲学而言，哈贝马斯的理论对它的挑战和拓展也是引发我们思考的重要课题。哈贝马斯的公共领域理论、生活世界理论等为研究马克思主义提供了新的视角，他注意到了资本主义社会出现的许多新因素、新现象、新特点，总体而言，他为我们认识当代资本主义带来了富有启发性的信息，使我们能够把握时代和实践的脉搏，启迪了我们的思维，从而有助于丰富和发展马克思主义。

马克思主义哲学研究在马克思主义研究中更具基础性、思辨性，但它也是与时俱进的，它往往根据时代的新发展、新变化，不断提炼出一些新的理论生长点，并围绕这些理论生长点展开有意义的研究，其中，唯物史观及其相关的现实问题和理论问题研究异常活跃，曾经研讨过的理论主要有：世界历史理论、东方社会理论、交往理论、价值论、现代性、全球化、社会正义等，取得了较为丰富的成果。而关于公共性和公共哲学的研究作为一个崭新的理论生长点，具有强烈的时代性、现实性，不难预测，它将成为今后马克思主义哲学研究一个持续活跃的领域。

郭湛在《从主体性到公共性：当代中国马克思主义哲学的走向》、《公共利益：马克思唯物史观的解读》等文中，采用文本研究的方法，挖掘马克思本人的公共性思想。他认为，"公共利益"（有时候马克思用"共同利益"、"普遍利益"概念来指称）这个概念非常重要，它能够体现马克思具有丰富的公共性思想。尽管马克思并没有自觉地去研究"公共性"，但他在自己的著作中确实多处阐述了公共利益的产生、公共利益的实现、公共利益的历史发展等。比如，马克思认为不同的私人利益之间就产生了共同利益、一般利益，私人利益为了实现自身，就必须首先促成其他私人利益的实现，各种私人利益在相互实现中创造了一个共同利益、普遍利益等。马克思提出了"人类共同体"概念，在不同时期用不同的术语来指称"人类共同体"，如"自然形成的共同体"、"等级共同体"、"国家共同体"、"市民社会共同体"、"虚幻共同体"、"真实共同体"、"抽象共同体"等。马克思还根据自己所掌握的历史资料，对氏族、部落、家庭等较为具体的人类同体的产生和演化等进行过阐述，在氏族、部落之后，逐渐出现基于职业形成的职业共同体，基于阶级形成的阶级共同体，未来社会中阶级消亡，形成新的共同体。因此，人类共同体发展的历史逻辑是：自然形成的共同体—社会形成的共同体—人的自由联合体。到现阶段为止，国家共同体比其他共同体要高，因为国家产生了公共权力，因此它把自己视为公共利益的代表。

如果说郭湛主要借助文本进行分析，那么袁祖社则进行了一定程度的发挥。他认为，追求公共性真实是马克思主义哲学的本有之义。马克思主义哲学旺盛的生命力在于，它能不断进行范式转换、理论创新，有效地拓展研究领域。范式转换意味着马克思主义哲学内部的深刻变革，其实质是确立符合时代土壤的新哲学主题。"自20世纪80年代以来，中国哲学界在对传统的、带有浓厚'实体论——知识论'色彩的'辩证唯物主义和历史唯物主义'哲学形态进行全面反思的过程中，作为创造性探索的结果，逐渐形成了多种解释范式，较有代表性的有：人学范式、实践哲学（含实践本体论、实践唯物主义以及实践解释学等在内）范式，生存哲学范式、生活哲学范式、文化哲学范式、价值哲学范式、社会哲学范式、交往哲学范式、类哲学（人类学）范式以及辩证的历史现象学范式。这其中每一种范式，对应的都是马克思主义哲学内部的'新形态'，都被认为是这一哲学应关注的核心主题。显然，这是一种按照'极限真实'的思维方式确立范式的方法，这其中的每一种范式都带有建构体系式的'全息思维'、'全景观照'的特点，都是自洽、自足的，都被认为是作为马克思哲学的当然逻辑起点、核心主题、对象，'真正'体现了马克思哲学的性质，反映了马克思哲学革命的实质和特点。""马克思主义哲学发展史表明，马克思的哲学在强调哲学关怀的'现实的感性的'转向以后，致力于开显一个'公共性真实的世界'，新哲学正是在这一理想的基础之上确立自己的范式的。"①

任平则围绕自己非常重视的"交往"概念，指出交往实践是公共哲学的根基。"交往实践观之所以能够成为公共哲学的基本视界，主要是因为交往实践观体现了公共哲学的范式与基本特征。交往实践观科学解释了全球化的本质和核心，进而科学理解了公共哲学的发生学基础"、"在公共领域，最基本的事实就是'共在'，最基本的原则就是彼此承认对方作为具有差异权利的平等主体身份，最首要的目标就是要在主体际间展开对话与交往，达成共识，建立游戏规则，协调行动。任何霸权主义、强权政治和'文明中心论'，都是单一主体观，都与交往实践观及其公共哲学精神背道而驰。"②

凡此种种，都表明当代马克思主义哲学发展的"公共性转向"，有可能成为一种崭新的学术气象。

---

① 袁祖社：《公共性真实：当代马克思主义哲学范式转换的基点》，载《河北学刊》2008 年第 4 期。

② 任平：《公共哲学四篇之交往实践观：公共哲学的基本视界》，载《新华文摘》1999 年第 8 期。

（二）中华文化、中国社会与公共哲学

我国学者批判性地借鉴欧美和日本的公共哲学，进行中国公共哲学的构建，但是这不仅是一种哲学思辨，实际上还背负了某种国家和民族责任。虽然中华文明在人类历史上曾经闪耀、熠熠生辉，但是不可否认的是，从近代以来它陷入了困境；在现代化的大潮中，我国属于后发的、外生形态的现代化国家，是被西方文明拉进现代化发展轨道的，因此，在探讨公共性时，我国学者面临着一个如何理解传统的"公共性"，以及考虑这种公共性能否与国外尤其是西方对接等问题。我国学者用以探究公共生活的概念范畴、观点理论基本上是来自于西方国家，那么有没有可能保持对西方思想审慎的反思态度、基于本土形成自身的理论视野、形成自己的思考呢？而且更为重要的是尽量使自身的思考能规范和引导当代中国公共生活的发展。也就是说，作为一个中国的学者，不仅要从理论上对中国传统的公共性做出深度反思，而且有责任去思考中国现实社会的公共性问题，努力去建构能促进社会发展的一种中国的"公共性"。近年来，这种研究已经启动，学者们思考的问题主要有：

中国传统文化中有没有和公共哲学相关的思想？中国传统文化发展过程中的公私脉络是如何的？从中国事实、中国经验层面上看，当今我国有没有公共领域以及如何建构？

对于我国传统文化是否有公共哲学的思想资源，一些学者从历史角度进行了梳理，指出中国传统社会是一个超稳态的庞大社会，这种的事实使得先贤们对公共生活也是有所思考的，虽然他们在理论归纳中使用的概念范畴和西方思想有差异，甚至与同一个文化圈中的日本、韩国、东南亚等国的相关用语不同，但是应该看到的是，中国传统文化的一些重要典籍中不乏"天下为公""克己奉公""灭私兴公""立公去私"等提法，对"公"和"私"提出了一套具有中国文化底蕴的阐发，虽然这些观念和当代公共哲学理念之间还存在着较大的差异，有的甚至很难对接。

比如顾肃详细地分析了东西方公共哲学的差异，他认为，中国传统公共哲学以一种普适的伦理来论证政治原则，主张"立公去私""破私立公"，但都没有重视统治者的合法性基础，其统治被视为天然合理的，也忽视私人权利、私人领域，缺乏平等观念、民主意识。而西方的公共哲学则相反，很多历代思想家都努力论证政治合法性是自下而上的，是公众所赋予的，受公众制约，也比较重视私人利益，有较强的"公私分明"的意识。因此，相比较而言，中国传统的公共哲学有偏差，既不全面也不深刻，要重建之需要作出巨大的努力。

有的学者将视野拉近到新中国成立后的历史时期，探讨了计划经济条件下和市场经济条件下的公私观念的差异，以及公私观念在当今时代的发展变化，认为新中国成立以来的"公私关系"也恰恰经历了一个"之"字形路径。[①] 不少学者看到，从计划经济时代提倡"大公无私"的"公一元论"，到市场经济时代日益抬头的"假公济私"的"私一元论"偏离，中国正在经历着一场从一个极端向另一个极端发展的价值观、世界观、甚至意识形态的深层演变；而无论"公一元论"还是"私一元论"，都是传统的"公私二元论"思想长期积淀的产物，这种思想已经不能适应进入全球化时代的 21 世纪的人类社会，不利于人作为个体生存时健全理性的形成，"公私共存论"或"公私和谐论"更值得提倡。

总体而言，在这个问题上，国内学者的看法是较为一致的，中国传统文化中有公共哲学的一些元素，提出了"公""私"这样重要的概念和范畴，但是在理解上显得比较片面，也缺乏较为规范性的分析和说明，往往遵循"非此即彼"的二元对立的思维定势，而且是比较众口一词地高扬"公"、贬抑"私"，比如"去私存公""天下为公"，乃至新中国成立之前，2000 余年的观念基本没有被撼动，但这"公"的实质内容是统治者最大的"私"，大体上学者们对此是持否定态度的。在新中国建国后，"公私"观点也在嬗变。因此，要建构中国自身的公共哲学，首先需要借鉴西方公共哲学的概念、框架、方法等等，结合中国传统思想资源，进行系统全面的阐述。

对于中国社会有没有公共领域以及如何构建中国的公共领域等问题，一些学者坚持认为，从理论上说，哈贝马斯的公共领域理论和我国传统中的"公"，是两个不同的概念。哈贝马斯的概念是以欧洲国家作为蓝本抽象出来

---

① 张翔：《新中国"公私关系"的"之"字形发展路径透析》，载《科教文汇》2006 年第 9 期。

的理想类型，它只适用于西方语境，不能作跨文化的运用，不适用于解读中国；从历史上看，中国从来也没有出现过真正意义上的公共领域，因为根本不具备形成公共领域的历史背景和社会条件。中国的政治架构总体上是家国一体，属于传统的集权国家，没有任何机制孕育市民社会和公共领域。有的学者从生产方式的角度分析道："中国相对地较少公众生活。除了地理环境的因素之外，最大的影响可能来自中国的生产方式。中国的生产方式是一种相对单一的小农生产方式，它是一种以家庭为本位的自给自足的自然经济，因此，人类所赖以生存的经济生活往往围绕着家庭即可以进行，人们不必频繁地出入于一些公共场合。在西方，除了地理环境的因素之外，经济生产方式成了影响公众生活的重要方面，古代希腊发达的商业为历史学家们常常提及，而作为西方文化另一来源的希伯来文化则起源于游牧经济，对于西方文化来说，其生产方式是一种农业、游牧、商业等多种方式并存的经济形态，它往往不能局限于给自足的家庭生活之中，这对西方注重公众生活的文化传统有着重要的影响。"① 有的学者指出，不仅历史上不存在公共领域，而且在当下也不存在公共领域，当前出现的一些貌似公共领域的新鲜事物，有的学者称之为"伪公共领域"。

但是有一批学者持相反的意见，比如黄宗智、邓正来、景跃进等人，他们旗帜鲜明地主张中国历史上存在着公共领域，他们收集了丰富的历史资料，进行了严肃的实证分析，指出明清以来中国公共领域——具体表现为商会、学社、报刊等开始萌芽，并获得一定程度的发展。据此，他们认为，中国历史上有过公共领域，表明中国具有相应的条件和土壤，那么，在当今时代，重建公共领域也是非常可行的。

本书认为，如果把上述两种观点结合起来，也许能更好地回答中国的公共性问题。也就是说，正如舒也等学者所分析的，在中国漫长的历史中，中国传统社会生活方式，是人首先作为家族的人而存在、一切以传统礼俗为准则的农业文明的生活方式。这种生活方式具有保守性、封闭性，更重要的是，由于强大的中央集权、专制政权控制了整个社会，形成了"强国家——弱社

---

① 舒也：《中西文化分殊与公共生活差异》，载《宁夏社会科学》2007年第1期。

会"的一种格局，公共领域因此被严重窒息，发育得先天不足，甚至也可以说不存在，但在明清资本主义萌芽之后，市民社会兴起，为公共领域的存在和发展提供了前提条件，正如邓正来等人分析的那样，中国的公共领域获得了一定程度的发展。新中国成立后，由于长期实行计划经济，片面追求"公"的极"左"价值观抑制了民众的私生活，对现代公共领域的生长空间造成了极大的挤压，公共领域的存在和发展举步维艰。但是这个特殊的历史阶段退出历史舞台之后，改革开放以来，尤其是 20 世纪 90 年代以来，借由社会主义市场经济体制的确立，传统的自然经济和计划经济下的公私观念也在改变，公共领域正在形成之中。

此外，我国学者或者海外华人由于受到日本学者的影响而拓展了一些论题。过去近 20 年，日本的公共哲学运动非常迅猛，席卷了日本学界各个领域，甚至政府公务员也必须以公共哲学为自己的必修功课。而日本公共哲学的一个特点是它所要建构的公共哲学并不局限于日本国内，而且还放眼东亚，乃至全球，山胁直司甚至提出了"跨国公共哲学"的概念。当然首先探讨的是东亚哲学的问题，其中主要探讨的是儒家思想能否作为东亚公共哲学的基础、儒家思想是否可以提供一种有利于公共哲学发展的资源这样的问题。这样的理论探索在西方公共哲学研究中是很难见到的。

学者黄俊杰对于跨国的公共哲学提出了自己的看法，他认为，可以以儒学为核心的思想资源，提出"东亚儒学"这个概念，以"东亚儒学"作为东亚的公共哲学。在漫长的历史发展进程中，源起于中国的儒学，经由古朝鲜，传入日本，16 世纪之后在日本成为主流。因此儒学事实上深刻影响东亚三国——中、日、韩思想的发展，中、日、韩三地形成了各具特色的儒学，但是它们对共同经典——《论语》《孟子》《大学》《中庸》的推崇是一致的，它们都源自于中国的儒学这一点也是毋庸置疑的。因此，就整个东亚而言，东亚儒学既具有"发展的连续性"，又具有"结构的完整性"，它可以被确立为东亚的公共哲学。但黄俊杰等学者也意识到，儒家思想中缺乏主体性、平等、民主等方面的思想，与当代公共哲学所追求的精神相左，它能否成为东亚公共哲学的有利资源呢？学者们大致认为，我们必须重新诠释那些跨越时代限制的主张，进行"创造性转化"的工作。

三、展望：公共哲学——一种崭新而有生机的分支哲学

公共哲学的确已经出现，这是不争的事实。我国的公共哲学研究起步晚，还停留在对西方学术的介绍性层面，有的学者把公共哲学作为管理哲学或者政治哲学来把握，问题意识不明确，成果寥寥，更没有形成跨学科的学术对话。日本的公共哲学探索为我们提供了一种行为参照，我国知识分子在进行学术研究时也应该有学术自觉和社会担当。迄今为止，无论是欧美，还是日本或中国，种种对公共哲学的探求内容和倾向各有不同，但有一点共识却是相当明确的：即认为公共哲学应该是一种很有生命力的哲学。

万俊人指出："当代公共哲学中存在若干优越性：一是对道德形而上的回避使其获得了理论定位，使实质性层面的解释和制度实践有了可能；二是公共哲学的主题确认，使其具有了独立自律的理论品格；三是这一理论取向可以满足现代人类理解日趋社会化、分层化生活的知识需求；四是它为现代社会科学和人文科学的交际会通在提出更高要求的同时也为此趋势提供了可能性；五是为哲学开辟新的解释课题和话语语汇。"[1]

时代需要公共哲学。多元化的交往使公共性问题成为时代性问题，我们需要公共哲学，公共哲学必将成为时代性解答方案之一；公共哲学的生命力就在于面对社会公共生活。公共生活是一个广阔的、具有无限丰富性和多样性的空间，具有不竭的动力。一个愈是多元化的社会，愈是有必要寻求一种公共性，缺少公共性的多元化将慢慢摧毁社会的根基。在我们这个时代，出现了道德缺席、环境危机、经济失衡等一系列危机，这使得公共性本身成了一个问题。伽达默尔指出，所谓形而上学的欲望与怀疑论的基本态度之间的对立是今天人们精神生活中的第一种巨大的分裂；第二种分裂就是一方面生存不安定和不知道生活的最终意义，另一方面又必须做出明确的实际决定之间的矛盾。[2]换言之，伽达默尔认为，由于社会的各种各样的问题出现，人

---

① 朱坤容：《国内公共哲学研究述评》，载《哲学动态》2006 年第 2 期。

② 〔奥〕施太格缪勒：《当代哲学主流》（上卷），王炳文、燕宏远等译，商务印书馆 1989 年第 1 版，第 25 页。

自身也在被撕裂，那就更应诉诸公共哲学。对于我国的社会主义现代化建设而言，处在转型期的中国，公共生活的活跃但又失范已经是不可回避的问题。中国需要发展与进步，就要认真研究发达国家的公共性建设，不仅要更好地提供公共设施、公共服务，而且要更好地建设公共环境、建立公共规则、限制公共权力、培育公共意识等，与国际社会的公共性水准接轨。

公共性问题的触角几乎伸展到了社会生活的各个领域。从这个意义上来说，公共哲学是以"共在"、"共生"、"共享"等为特征的经验事实的批判性反思，是对人类公共生活合理性追求，是公共生活智慧的凝结。公共哲学将是一门全新而有生机的学问，是理性地表达人类生存智慧的新哲学形态，它有可能成为哲学大家族中有生命力的一个重要分支。因此，公共哲学本身的存在理由不成问题，公共哲学的意义和价值不存在问题，无论是在国外，还是在中国，它的确是非常重要的、值得研究的哲学新领域。

虽然如李普曼所说，古代就有公共哲学的存在，近代它也发挥了重大作用，现当代应该实现其复兴，公共哲学的重要性不言而喻。但是，很明显，无论是在国外，还是在国内，尤其是在国内，公共哲学要如何开展研究是一个很大的问题，能不能持续地研究保持其生命力是一个更大的问题，也就是公共哲学研究应有的规范性、原则和效应等的问题。虽然我们可以从哲学视角去思考所面对的种种问题，但是对某事某物进行的哲学思考并不一定能提升为某种分支哲学。一个部门哲学或分支哲学是应该由学者自觉、积极地去建构起来的，它和一个学科的建构比较类似，在英语里，学科称为 discipline，意思是"教学"和"训练"，它的要义就是按某种规则进行生活，也就是作为一门学科，它得包含有一定的"专业基质"（disciplinary matrix），得依循一定的方法、原则和自身内在的结构等。一种分支哲学也是如此，它要从零星的、自发的一些思考拓展成一个较为成熟的体系，就必须有明确的概念、范畴，有独立的、稳定的问题域，有自己的研究方法。

要进行公共哲学的研究和理论构建，首先是确认构建公共哲学之方法论等问题。从方法或原则上看，因为公共领域承认众多"异质他者"的存在，强调通过不同意见间的磨合、接受多样的异质意见（交流）达成一致是公共性的理念，那么公共哲学应该是一种开放的哲学，强调包容异质和多样性。

从方法论上，公共哲学的核心——"公共性"问题本身是多学科性交叉、重叠的，就当前的研究水平和层次而言，应该采用多学科结合的、"和而不同"的研究方法，除政治哲学、管理学、伦理学之外，其他领域也可以加入公共哲学探讨。顾肃认为，公共哲学应当允许多种理论前提并存竞争，各自表达自己的立场，阐明自己的道理。他指出公共哲学研究的方法论是理性主义，且是广义的理性主义，这种广义的理性主义也称为自由理性主义。它的方法是，理论的建立除了可质疑和探究、逻辑思维、可推导或论证之外，也承认经验主义的合理成分，也就是说规范性的论述和经验事实的研究和总结并重。而前文也述及，万俊人主张采用自下而上地探求的方法，强调规范与事实并重，认为这是重新构建现代公共哲学唯一可能的途径。笔者认为，这些方法都是可取的，但从根本性的原则或方法来说，多学科交叉研究法应该是基本的方法，这比较符合公共哲学的本质特性。

其次，要梳理辨析基本概念。公共哲学不能回避对基本范畴或概念的界定，其实，自从李普曼的《公共哲学》出版以来，与公共哲学相关的概念应该是哪些、研究的领域该如何划定、其目标是什么等问题都是不明确的。目前学者们、包括欧美和日本的学者虽然做了很大的努力，但实际上，还是没有形成很大的认同，还存在着尚可挖掘之处。公共哲学的若干最基本概念：公、私、公共、公共性、公共理性、公共领域、私人领域等等，迄今为止，并没有真正完全理清。对于这些概念，必须从哲学的高度加以定义，比如公共性是什么？怎么从哲学角度去谈公共性？仅仅将公共性描述为公开性、共享性、非排他性等是远远不够的，那么公共性的内核应该是什么等等。

再次，要确定核心的问题域。本书认为，在公共哲学中，公共领域和私人领域、公和私的关系是难点，也是最核心的问题域，比如，公和私的界限何在？在什么层面上说某事某物是公或私？这都需要深入细致的研究，梳理它们之间的相互关系，然后进行逻辑性展开，这样才能确定公共哲学的理论限度以及独具特色的言说方式。同时要加强对公共价值的研究，可以对某一种公共价值展开深入的剖析，因为每一种公共价值，都是美好的生存状态和境界，是人类共同追求和向往的公共生活理想，但这些公共价值都是众说纷纭、歧义丛生的，需要一一梳理，比如正义、平等、自由、民主等，公共哲学均需要进行理论推导，并阐述基本的思想。

此外，可以从地域的角度、从问题的角度等去开展事实研究、规范研究，还可以从公共哲学的视角去看待社会事务、社会现象、社会问题等。

一个社会之所以能不断地发展和进步，应该归于公共性诉求，即基本的公共价值追求的合理表达，是对所有人都可以获得幸福的道路的探索。哲学作为文明的活的灵魂，其理性之思的独特功能在于以理性的批判精神，反省及审察生活世界，把握、提炼、表达和阐释其深蕴的本质、价值和意义。"公共性理论的兴起及其发展，必然担当建设一个以人为本且有着良好秩序的社会的历史使命。公共性作为一种构建合理社会秩序和规则的根本理念，作为优化人、自然、世界三者关系的一种价值呼求和价值引导，都是值得我们认真思考的。"[1] 公共哲学的初衷和归宿都在人的身上。

大哲学家罗素曾饱含深情地说，三种单纯然而极其强烈的激情支配着我的一生，那就是：对于爱情的渴望，对于知识的追求，以及对于人类苦难痛彻肺腑的怜悯。离开对人的终极关怀，哲学就失去了灵魂。当代哲学必须反映时代，反映当下社会，反映当代人的深层焦虑、人的命运，对现代社会中人的病症提出疗救的希望，在这个意义上，当代公共哲学任重道远。公共哲学扎根于生活世界，生活世界犹如大海一般，表面上风平浪静，里面却是暗流涌动，却也生生不息。公共哲学要直面丰富多彩的公共生活，依托时代发展的契机，从理论思维的高度，对公共性进行审慎思辨，回答当代人在公共生活中遇到的问题，为现实公共生活的构建提供创造性的智慧，以对公共生活失范与危机加以引导，提高当代公共生活的质量，启迪当代人的公共情怀，培育公共精神，自觉反映其并表达人们在历史通往未来途中的渴望，探究超越当前问题的理论与实践的种种可能，使公共性作为一种价值目标得以实现。

道不远人，哲学并非也不应高居云端，正如贺麟所说的："哲学是一种学养。哲学的探究是一种以学术培养品格、以真理指导行为的努力。哲学之真与艺术之美、道德之善同是一种文化，一种价值，一种精神活动，一种使人生高洁而有意义所不可缺的要素。……我们认为哲学不是少数人可以包办的。

---

① 郭湛、曹鹏飞：《哲学视域中的公共性及其当代诠释》，载《齐鲁学刊》2005 年第 1 期。

我们相信人人都具有哲学的思考力的。真正伟大的哲学并不是智巧的卖弄，而乃是精神上的清茶淡饭。真正伟大的哲学家，其伟大处即在于能道出人心之所同然，能启发人的灵性，提醒人的潜伏意识。所以哲学若果要有生命的话，是应该与大众见面的；大众若要过有意义的生活的话，也应该设法与哲学亲近的。"①

---

① 贺麟：《哲学与哲学史论文集》，商务印书馆 1990 年第 1 版，第 120 页。即贺麟先生所写的"《华北日报》哲学副刊发刊辞"。

参考文献

一、著作

〔德〕马克思、恩格斯:《马克思恩格斯全集》(第1卷),北京,人民出版社,1995,第2版。

〔德〕马克思、恩格斯:《马克思恩格斯文集》(第3卷),北京,人民出版社,2009,第1版。

〔希〕亚里士多德:《政治学》,吴寿彭译,北京,商务印书馆,1965,第1版。

〔德〕哈贝马斯:《公共领域的结构转型》,曹卫东等译,上海,学林出版社,1999,第1版。

〔德〕哈贝马斯:《交往行动理论》(第1、2卷),洪佩郁等译,重庆,重庆出版社,1994,第1版。

〔德〕哈贝马斯:《在事实与规范之间——关于法律和民主法治国的商谈理论》,童世骏译,北京,生活·读书·新知三联书店,2003,第1版。

〔德〕哈贝马斯:《合法化危机》,刘北成译,上海,上海人民出版社,2000,第1版。

〔德〕哈贝马斯:《对话伦理学与真理的问题》,沈清楷译,北京,中国人民大学出版社,2005,第1版。

〔德〕哈贝马斯:《后民族结构》,曹卫东译,上海,上海人民出版社,

2002，第 1 版。

〔德〕哈贝马斯：《包容他者》，曹卫东译，上海，上海人民出版社，2002，第 1 版。

〔德〕哈贝马斯：《现代性的哲学话语》，曹卫东译，上海，译林出版社，2005，第 1 版。

〔德〕哈贝马斯：《哈贝马斯精粹》，曹卫东选译，南京，南京大学出版社，2009，第 1 版。

〔德〕哈贝马斯：《重建历史唯物主义》，郭官义译，北京，社会科学文献出版社，2000，第 1 版。

〔德〕哈贝马斯：《交往与社会进化》，张树博译，重庆，重庆出版社，1989，第 1 版。

〔德〕哈贝马斯：《后形而上学思想》，曹卫东译，上海，译林出版社，2001，第 1 版。

〔德〕哈贝马斯：《认识与兴趣》，郭官义、李黎译，上海，学林出版社，1999，第 1 版。

〔德〕哈贝马斯：《哈贝马斯访谈录》，李安东、段怀清译，上海，上海人民出版社，1997，第 1 版。

〔德〕哈贝马斯：《作为"意识形态"的技术与科学》，郭官义、李黎译，上海，学林出版社，1999，第 1 版。

〔德〕哈贝马斯、米夏埃尔·哈勒：《作为未来的过去——与著名哲学家哈贝马斯对话》，章国锋译，杭州，浙江人民出版社，2001，第 1 版。

〔德〕胡塞尔：《欧洲科学危机和超验现象学》，张庆熊译，上海，上海译文出版社，1998，第 1 版。

〔德〕胡塞尔：《生活世界现象学》，倪梁康等译，上海，上海译文出版社，2002，第 1 版。

〔美〕汉娜·阿伦特：《人的条件》，竺乾威等译，上海，上海人民出版社，1999，第 1 版。

〔日〕川崎修：《阿伦特：公共性的复权》，斯日译，石家庄，河北教育出版社，2002，第 1 版。

〔美〕塞缪尔·亨廷顿:《变化社会中的政治秩序》,王冠华、刘为译,上海,上海人民出版社,2008,第1版。

〔美〕罗尔斯:《正义论》,何怀宏译,北京,中国社会科学出版社,2003,第1版。

〔美〕罗尔斯:《政治自由主义》,万俊人译,南京,译林出版社,2002,第1版。

〔英〕约翰·密尔:《代议制政府》,汪瑄译,北京,商务印书馆,1982,第1版。

〔英〕威廉姆·奥斯维特:《哈贝马斯》,沈亚生译,哈尔滨,黑龙江人民出版社,1999,第1版。

〔英〕安德鲁·埃德加:《哈贝马斯:关键概念》,杨礼银、朱松峰译,南京,江苏人民出版社,2009,第1版。

〔英〕约翰·基恩:《公共生活与晚期资本主义》,刘利圭等译,北京,社会科学出版社,1999,第1版。

〔美〕戈尔曼,罗伯特:《"新马克思主义"传记辞典》,赵培杰、李菱、邓玉庄等译,重庆,重庆出版社,1990,第1版。

〔美〕詹姆斯·施密特编:《启蒙运动与现代性:18世纪与20世纪的对话》,徐向东、卢华萍译,上海,上海人民出版社,2005,第1版。

〔德〕伽达默尔:《哲学解释学》,夏镇平译,上海,上海译文出版社,2005,第1版。

〔英〕安德鲁·海伍德:《政治学核心概念》,吴勇译,天津,天津人民出版社,2008,第1版。

〔日〕佐佐木毅、〔韩〕金泰昌:《21世纪公共哲学的展望》,卡崇道、王青、刁榴译,北京,人民出版社,2009,第1版。

〔美〕曼纽尔·卡斯特:《网络社会的崛起》,夏铸九、王志弘等译,北京,社会科学文献出版社,2001,第1版。

〔法〕古斯塔夫·勒庞:《乌合之众:大众心理研究》,冯克利译,桂林,广西师范大学出版社,2011,第1版。

〔荷〕简·梵·迪克:《网络社会——新媒体的社会层面》,蔡静译,北京,清华大学出版社，2014，第 1 版。

〔美〕艾伦·布卢姆：《美国精神的封闭》，战旭英译，南京，凤凰出版传媒集团、译林出版社，2007，第 1 版。

〔美〕乔万尼·萨托利：《民主新论》，冯克利、阎克文译，上海，世纪出版集团、上海人民出版社，2009，第 1 版。

〔德〕伊丽莎白·诺尔－诺依曼：《沉默的螺旋：舆论——我们的社会皮肤》，董璐译，北京，北京大学出版社，2013，第 1 版。

张康之、张乾友：《公共生活的发生》，北京，高等教育出版社，2010，第 1 版。

张康之、张乾友：《共同体的进化》，北京，中国社会科学出版社，2012，第 1 版。

徐贲：《通往尊严的公共生活：全球正义与公民认同》，北京，新星出版社，2009，第 1 版。

韩升：《生活于共同体之中——查尔斯·泰勒的政治哲学》，北京，中国社会科学出版社，2010，第 1 版。

欧力同：《哈贝马斯的“批判理论”》，重庆，重庆出版社，1997，第 1 版。

陈勋武：《哈贝马斯：当代新思潮的引领者》，北京，九州出版社，2014，第 1 版。

汪晖、陈燕谷主编：《文化与公共性》，北京，生活·读书·新知三联书店，1998，第 1 版。

许纪霖、刘擎主编：《公共性与公民观》，南京，江苏人民出版社，2006，第 1 版。

哈佛燕京学社、三联书店主编：《公共理性与现代学术》，北京，生活·读书·新知三联书店，2000，第 1 版。

邓正来、亚历山大：《国家与社会》，北京，中央编译出版社，2002，第 1 版。

俞可平：《权利政治与公益政治》，北京，社会科学文献出版社，2003，第 1 版。

李一：《网络社会治理》，北京，中国社会科学出版社，2014，第 1 版。

刘泽华：《公私观念与中国社会》，北京，中国人民大学出版社，2003，第 1 版。

黄俊杰：《公私领域新探：东亚与西方观点之比较》，上海，华东师范大学出版社，2008，第 1 版。

陈乔见：《公私辩：历史衍化与现代诠释》，北京，生活·读书·新知三联书店，2013，第 1 版。

金耀基：《中国的现代转向》，香港，牛津大学出版社，2004，第 1 版。

杨雁斌、薛晓源：《重写现代性：当代西方学术话语》，北京，社会科学文献出版社，2001，第 1 版。

章国锋：《关于一个公正世界的"乌托邦"构想》，济南，山东人民出版社，2001，第 1 版。

郭湛：《社会公共性研究》，北京，人民出版社，2009，第 1 版。

杨仁忠：《公共领域论》，北京，人民出版社，2009，第 1 版。

贾英健：《公共性视域——马克思哲学的当代阐释》，北京，人民出版社，2009，第 1 版。

李佃来：《公共领域与生活世界：哈贝马斯市民社会理论研究》，北京，人民出版社，2006，第 1 版。

王维国：《公共性理念的现代转型及其困境》，兰州，兰州大学出版社，2005，第 1 版。

刘军宁、王焱、贺卫方等编：《市场逻辑与国家观念》（公共论丛），1995，第 1 版。

王江涛：《哈贝马斯公共领域思想研究》，上海，华东师范大学，2009，博士论文。

Arendt, Hannah, 1958: *The Human Condition*, Chicago.

McCarthy, Thomas, 1978: *The Critical Theory of Jurgen Habermas*, Cambridge, Mass.

Schudson, Michael, 1982: "Was There Ever a Public Sphere？ If So，When？ Reflections on the American Case", *Habermas and the Public Sphere*（in Craig Calhoun ed.）, Cambridge, Mass.

二、论文

〔德〕哈贝马斯：《关于公共领域问题的答问》，载《社会学研究》1999 年第 3 期。

〔德〕哈贝马斯：《公共空间与政治公共领域——我的两个思想主题的生活历史根源》，载《哲学动态》2009 年第 6 期。

曹卫东：《哈贝马斯在汉语世界的历史效果——以〈公共领域的结构转型〉为例》，载《现代哲学》2005 年第 1 期。

曹卫东：《从"公私分明"到"大公无私"》，载《读书》1998 年第 6 期。

晏辉：《公共性问题的哲学前提批判》，载《江海学刊》2008 年第 4 期。

刘建成：《哈贝马斯的公共性思想探析——从批判到整合》，载《教学与研究》2004 年第 8 期。

任瞳：《哈贝马斯"生活世界"学说管窥》，载《马克思主义研究》2002 年第 4 期。

万俊人：《公共哲学的空间》，载《江海学刊》1998 年第 3 期。

杜耀明：《"新闻自由：可变的公共空间"》，载香港《明报月刊》1997 年 5 月号。

袁贵仁：《主体性和人的主体性》，载《河北学刊》1988 年第 3 期。

李泽厚：《关于主体性的补充说明》，载《社会科学院研究生院学报》1985 年第 1 期。

李德顺：《马克思主义哲学新发展的一个生长点：关于哲学主体化趋势的思考》，载《中国人民大学学报》1987 第 1 期。

陈志良：《释主体性原则》，载《哲学动态》1988 年第 3 期。

陈志良：《再释主体性原则》，载《哲学动态》1991 年第 3 期。

张曙光：《哲学主体性研究五题》，载《学术论坛》1989 年第 2 期。

李泽厚：《关于主体性的补充说明》，载《社会科学院研究生院学报》1985 年第 1 期。

邓正来、景跃进：《构建中国市民社会》，载《中国社会科学季刊》1992 创刊号。

邓正来：《市民社会与国家：学理上的分野与两种架构》，载《中国社会科学季刊》1993 年第 3 期。

俞可平：《社会主义市民社会：一个新的研究课题》，载《天津社会科学》1993 年第 4 期。

徐勇：《市民社会：现代政治文化的原生点》，载《天津社会科学》1993 年第 4 期。

朱宝信：《培育有中国特色的市民社会刍议》，载《文史哲》1994 年第 6 期。

方朝晖：《市民社会的两个传统及其在当代的交汇》，载《中国社会科学》1994 年第 5 期。

何增科：《市民社会概念的历史演变》，载《中国社会科学》1994 年第 5 期。

唐士其：《市民社会、现代国家以及中国的国家与社会的关系》，载《北京大学学报》1996 年第 6 期。

张一兵：《市民社会与人：一个共时性与历史性向度中的逻辑悖结》，载《江汉论坛》1994 年第 5 期。

童世骏：《第三个向度——与政治、经济关系微妙的市民社会》，载《欧洲》1995 年第 3 期。

许纪霖：《市民社会的话语建构》，载《开放时代》1997 年第 4 期。

罗贵榕：《公共领域的构成及其在中国的发生与发展》，载《学术界》2007 年第 3 期。

陈勤奋：《哈贝马斯的"公共领域"理论及其特点》，载《厦门大学学报（哲学社会科学版）》2009 年第 1 期。

韩升、谢丽威：《社会批判空间的理想模式及其现实转型——解读哈贝马斯的公共领域理论》，载《兰州学刊》2006 年第 7 期。

焦文峰：《哈贝马斯的公共领域理论述评》，载《江苏社会科学》2007 年第 3 期。

史云贵：《论哈贝马斯的"公共领域"理论及其对我国政治现代化的启示》，载《武汉大学学报（哲学社会科学版）》2006 年第 6 期。

余建清、强月新：《我国当前传媒与公共领域问题研究现状与反思》，载《西南交通大学学报（社会科学版）》2007 年第 12 期。

张如良:《虚拟现实与哈贝马斯的公共领域理论》,载《西安交通大学学报(社会科学版)》2009 年第 3 期。

蒋艳芳:《两会博客与公共领域的建构》,载《青年记者》2006 年第 10 期。

高兆明:《公共理性·市场经济秩序》,载《东南大学学报(社会科学版)》2002 年第 3 期。

顾肃:《重建中国公共哲学的反思与设想》,载《中国人民大学学报》2005 年第 2 期。

顾肃:《当代西方政治哲学思潮》,载《江海学刊》1998 年第 3 期。

任平:《新全球化时代与 21 世纪公共哲学》,载《江海学刊》1999 年第 3 期。

张铭:《公共哲学与后现代》,载《江海学刊》,19999 年第 3 期。

王南湜:《哲学的分化:公域哲学与私域哲学》,载《江海学刊》,2000 年第 1 期。

张国清:《和谐:一种提倡兼容的公共哲学》,载《哲学研究》2005 年第 6 期。

朱士群:《政治存在、政治价值和政治话语——试论作为公共哲学的政治哲学》,载《学术界》2000 年第 3 期。

陈建平:《公共哲学视野下的新公共服务理论探析——一种对"新公共服务"的读解》,载《理论探讨》2005 年第 4 期。

乔耀章:《公共行政与公共哲学》,载《江海学刊》1999 年第 3 期。

方世南:《公共哲学与作为公共权力机构的政府行为》,载《江海学刊》1999 年第 3 期。

刘森林、杨向荣:《公共生活与理性》,载《江海学刊》1999 年第 3 期。

徐友渔:《公共伦理:正义还是美德——自由主义与社群主义之争》,载《江海学刊》1998 年第 3 期。

韩震:《公共价值观——当代西方社团主义的主要观点》,载《江海学刊》1998 年第 3 期。

陈力丹:《新媒体的发展趋势与悖论》,载《新华文摘》2016 年第 4 期。

姚大志:《社会正义——罗尔斯与诺奇克之辩》,载《江海学刊》1998 年第 3 期。

郭湛、曹鹏飞:《哲学视域中的公共性及其当代诠释》, 载《齐鲁学刊》2005 年第 1 期。

Verstraen, Hans, 1996: "The Media and the Transformation of the Public Sphere," in *European Journal of Communication*, Vol. 11.

附　录　公共性与国家治理能力刍议

一、公共性及其与国家治理能力的关联

公共性是公共哲学的重要概念，同时也正在不同领域、不同学科中被广泛地使用，而国家治理能力则是当代政治学、公共管理等领域的重要范畴。本文认为，公共性与国家治理能力之间存在着密切的关联，两者之间的相互推动关系需要进一步分析和研究。

何谓公共性？可谓众说纷纭，其中以德国思想家、法兰克福学派的重要代表哈贝马斯的阐述最具代表性。哈贝马斯认为："公共性本身表现为一个独立的领域，即公共领域，它和私人领域是相对立的。"①换言之，公共性是一个纯粹的、抽象的概念，而公共领域是公共性的实践场域，在这个与私人领域截然不同的现实场域中，公共性是它的一种最基本的属性或者是最基本的原则，人们完全可以从这一现实场域中感知公共性、理解公共性。但是，哈贝马斯也指出，公共性还体现在另外一个重要的领域——公权领域中。他表述道，国家工作人员本身就是一些公共的人，他们所担任的就是公共职务，他们执行的公务也是公开的，政府机关及其办公场所也是公共的。掌握公共权力运行的领域尤其是国家或政府，直接关涉全体公民的公共利益或公共价值，因此它本身就应该具有公共性。这种公共性体现在国家或政府以公共权力为

---

① 〔德〕哈贝马斯，曹卫东等译：《公共领域的结构转型》，学林出版社 1999 年版，第 2 页。

依托，既可以提供具象的公共产品和公共服务，也可以塑造全社会的公共精神，既要维护某种公共利益，也要实现某种公共价值。因此，公共领域和公权领域都是公共性的实践场域或载体形式。

国家治理能力是基于国家能力而衍生出来的一个子概念。国家能力（state capacity）是当代政治学的概念，可以被理解为国家通过目标、权力、职能、绩效等多维度形成的综合能力，国内学者则更强调国家能力是政府（特别是中央政府）将自己的意志、目标转化为现实的能力，他们将这种能力总结为国家动员社会经济资源的财政汲取能力、指导社会经济发展的调控能力、运用政治符号在属民中制造政治共识的合法化能力以及利用暴力机构和方式维护其统治地位的强制能力等，其中最主要的是财政汲取能力。很显然，国家能力的主体是政府，或更确切地说，是中央政府。当传统政治学向现代政治学转型，政府的"统治"观念正在被"善治"观念所取代，"治理"一词也代替了"统治"一词逐渐被广泛使用。"治理"（governance）理论强调治理主体的多元性，即强调与国家的公共事务相关活动的主体是多元的，既有政府（包括中央政府），也有其他公共的或私人的组织机构等。本文认为，"国家治理能力"是指政府（特别是中央政府）协调各主体、获取各主体的支持，实现更立体、有效的权力运行的一种综合能力。

因此，在公共性语境中探讨当代国家治理能力，应该有一个基本的认识：虽然治理的主体多元，但公共性主要是在公共领域和公权领域的有效耦合中，或者也可以说是对立统一中得到体现和实现的。公共性也是一个目的性的概念，它不仅是公共领域、公权领域的属性或原则，也是其价值旨归。虽然本质、特点等不同，但无论是公共领域还是公权领域，二者的价值目标都是对公共性的高扬与彰显，公共性都是二者的精神内核、价值规范，是二者想要建构的方向，是一种价值目标，是一种价值追求。在公权领域，当权力被滥用时或权力被集中在某个人或某个集团手里时，这个领域的公共性就很容易丧失。相比较而言，公共领域所追求的公共性更具有源生性或基础性。国家治理能力要求公权领域和公共领域协调合作，可以说，在一般的意义上，公共性的增长会带来国家治理能力的提升，同时，国家治理能力越高，越有助于公共性这一价值目标得到实现。

二、我国国家治理能力建设的模式及特征

国家治理模式是国家治理能力在某个历史时期的具体运行方式，它的形成是与不同国家的现代化类型有着内在的关联的。

对于现代化的类型，学界公认最基本的有两种：早发内生型现代化和后发外生型现代化。早发内生型现代化，顾名思义，是指现代化起步早，而且现代化是在一个国家或社会的母体中自然生长发育出来的，工业主义的发端、资本主义生产关系的萌芽等经济社会的变化，使得传统社会开始向现代社会转变，其中最典型的代表当属英国、法国等发达国家。后发外生型现代化则是指现代化起步晚，是由外来文明因素的渗透和外部挑战而步入现代化轨道，其中最典型的日本、俄国和中国等，这些国家的现代化不是本土自发的，而是从外部被注入。由于这些国家内部缺少现代性因素的基础，社会发展状况与发达国家之间存在巨大差距，要在短时间内走完发达国家几百年走过的历程，社会中各种矛盾交织，为了解决这些矛盾，顺利实现社会转型，最基本的政治前提是强大政府的主导，尤其是相对落后的发展中国家，面临着政治制度较不健全、社会发育成熟度低、国际环境竞争压力大等诸多问题，仅靠社会自身渐进式的自然演进无法完成社会现代化，必须依靠借助国家力量去调动有限的、分散的社会资源，在政府的强行启动下力求实现向现代社会的跨越式发展。

我国从鸦片战争开始被强力纳入现代化发展轨道，经洋务运动到戊戌变法以及辛亥革命等一系列变革，封建帝制退出历史舞台，才开启了现代化进程，封建统治也向国家治理逐步转型。中华人民共和国从 1949 年成立至今，我国国家治理能力发生了很大的变化，形成了或提出了以下模式：

（一）全能型国家治理模式。从新中国建立一直到改革开放这个时间段，我国主要形成了全能型国家治理模式。其特点是政府无所不能，无所不包。政府通过自上而下的行政手段或政治动员来进行治理，有时会采取运动式治理、强制性治理等。这种治理模式在短期内还是比较有效的，人民的积极性和创造性高涨，一度快速推动了现代化进程。但是，庞大的政府机构垄断了公共事务的管理权力，公共领域受到国家权力扩张的强力侵蚀，全能型国家

治理模式因自身的缺陷以及运行条件的变化而陷入危机，无所不包、无所不及的政府的治理能力受到了质疑。

（二）绩效型国家治理模式。改革开放以来，中国一直处于整体的社会转型之中，对社会主义本质的探讨进入新阶段，尤其是在南方谈话以后，社会主义市场经济体制确立，经济建设成为现代化建设的中心。与经济体制改革相适应，中国政府也先后进行了多次行政体制改革，全能型政府逐步转向经济绩效型政府，新的国家治理模式逐渐形成。绩效型政府侧重促进经济社会的发展，以经济建设为中心，为经济社会的发展创造了良好的环境，取得了经济的高速发展，在一定程度上可以说为当前的社会发展打下了良好的基础；同时政府将一定权力让渡给了市场，也退出了一些私人领域，社会活力大大增强。

（三）服务型国家治理模式。21 世纪以来，中国经济社会发展更为迅速，为了克服绩效型治理模式所出现的问题，2005 年 3 月温家宝总理提出了"服务型政府"的想法。在之后至今将近 10 年的时间里，各地方政府尽量在治理中将自己从管理者放到服务者的位置上，在实践中努力去实现"服务型政府"。但是，应该说这种模式更多的是理念上的，因为，服务型政府是建立在西方后现代社会基础上的理论和实践，依靠的是成熟的市场经济体制和高度发达的公民社会。我国的社会发展现状很显然还没有达到这样的程度，可以培育出一个规范的、成熟的服务型政府。

而从当前中国的实际来看，国家治理模式选择和中国特色社会主义之路是一致的，是要选择一个适合中国国情的国家治理模式。退守全能型政府脱离了中国的具体国情，采用"集权动员型"的政府运行体制，迅速构建国家权力体系，形成自身的治理能力，这主要借鉴苏联模式，但是国家全能主义必然禁锢社会活力，最终导致崩溃。绩效型政府也有其偏颇之处，政府固然有了极强的财政汲取能力、经济资源的获取能力、经济调控能力，但也会带来经济数据依赖，如 GDP 崇拜，环境严重污染等诸多问题。服务型政府理念先进，但不适用于当下中国，所以是国家治理模式的未来方向，当前阶段只能说是正在向服务型政府过渡。

究其原因，是因为我国的现代化是典型的后发外生型现代化，内在地要求强有力的政府。因此，过渡阶段的模式应该立足于我国实际，形成一种"管理—服务型"国家治理模式。[①]这种模式依然强调一个"强政府"，因为各种治理主体相比较，政府仍然是强大而有力的。中国的经济社会发展仍然是在政府主导下进行的，因为无论是协调不同利益主体之间的冲突，还是解决全球化进程中维护国家主权，解决诸多全球性问题等，一个强有力的政府更符合中国的实际。正如亨廷顿所说："没有强有力的国家作为现代化进程的保障，社会就只能陷入高度无政府状态……没有强有力的政治制度，社会就会无力界定和实现其共同利益。"[②]但是，过渡阶段的模式倾向于除了政府的管理之外，还更强调政府提供公共服务的能力的。

三、微时代的公共性与我国国家治理能力提升

如前所述，无论是不得不退出历史舞台的传统国家治理模式，还是过渡时期的管理—服务型治理模式，其共性都在于"强政府"。"强政府"在一定的社会历史条件下形成，也带来了诸多难以克服的问题，会影响国家治理能力的总体发展。

这种影响主要表现在：一是从政府与其他主体的关系的角度看，"强政府"可能会挤压其他治理主体，使其它治理主体的主体性不能充分展现。"治理"理念强调主体多元，强调包括国家（政府）、经济（市场）、公共领域以及个人等多元主体的耦合。从国家与市场的关系看，如果政府运用行政权力过度干预市场运行，政策的变动频繁就会扰乱市场竞争的秩序，造成了市场失序的危机；从国家与个人的关系看，"国家权力既是个人权利和保护神，又是个人权利的最大最危险的侵害者。"[③]国家与公共领域的关系同理。这些主

①　张立荣、冷向明：《当代中国政府治理范式的变迁机理与革新进路》，载《华中师范大学学报》（人文社会科学版）2007 年第 2 期。

②　〔美〕塞缪尔·亨廷顿：《变革社会中的政治秩序》，华夏出版社 1998 年版，第 24—28 页。

③　刘军宁等：《市场逻辑与国家观念》，生活·读书·新知三联书店 1995 年版，第 4 页。

体如果缺乏各自的生存空间，就难以形成良性互动，更谈不上治理。二是从政府自身角度看，"强政府"如果自身出了问题，有时会带来某种"公共性危机"。如由于法律机制不完善、不健全，一些政府部门中出现公职人员的贪腐、渎职等行为，由此公共权力的运行便出现困难，公共产品的生产和供应会受到阻碍，公共价值也会成为虚幻，民众丧失对政府的信任，导致政府的合法性危机。

目前，党和政府已经意识到国家治理方面存在的问题，从这两年来的"重拳惩治腐败、把权力关于笼"等举措中可见一斑；同时也提出了宏观的建设目标，如中共十八届三中全会提出："全面深化改革的总目标是完善和发展中国特色社会主义制度，推进国家治理体系和治理能力现代化。"[1] 这一表述充分体现了党和政府为适应经济社会发展的需要而进行的顶层设计。

这一顶层设计是有其时代背景的。时代的发展变化为国家治理能力建设提供了新的前提和基础，简言之，就是公共领域在发展壮大。20世纪60年代，当哈贝马斯阐述其"公共领域"思想时，虽然得到了诸多支持，但是也招致了不少质疑，质疑之一就是该思想具有乌托邦的色彩，即哈氏所说的公共领域是不存在的，即使存在也很容易被瓦解；20世纪90年代，随着信息和网络技术的迅猛发展，网络时代来临，人们的交往方式发生了巨大的变化，网络公共领域基本成型，对哈贝马斯的思想乌托邦性质的质疑日渐稀少了；21世纪以来，互联网、数字技术的深入发展促进了微时代的到来，我国已悄然进入了以传统电脑、平板电脑和手机为载体，微博、微信、微视频等为介质的微时代，这是网络时代的深化。

当前微时代最为常用的介质是微博和微信。《第32次中国互联网络发展状况统计报告》显示，截至2013年6月底，中国网民数量达到5.91亿，微博网民规模为3.31亿，较2012年底增长了2216万，增长7.2%。网民中微博使用率达到了56.0%，较上年底增加了13个百分点。自2011年1月21腾讯公司正式推出微信以来短短两年间，微信的用户已经超过三亿人。微博博主和粉丝的互动，尤其是微信中的朋友圈、各种微信群以及出于公益目的的

---

① 见"十八届三中全会公报"。

公众号等，符合了当初哈贝马斯所界定的"公共领域"及其特征。哈贝马斯说："所谓'公共领域'，我们首先意指我们的社会生活的一个领域，在这个领域中，像公共意见这样的事物能够形成。公共领域原则上向所有公民开放。公共领域的一部分由各种对话构成，在这些对话中，作为私人的人们来到一起，形成了公众。那时，他们既不是作为商业或专业人士来处理私人行为，也不是作为合法团体接受国家官僚机构的法律规章的规约。当他们在非强制的情况之下处理普遍利益问题时，公民们作为一个群体来行动；因此这种行动具有这样的保障，即他们可以自由地集合和组合，可以自由地表达和公开他们的意见。"[①] 因此，微博、微信的广泛使用是公共领域的蓬勃发展重要标志。

在微时代，在"强政府"主导与公共领域不断发展的格局中，为了使公共性和国家治理能力更好地相互推动，应该形成一些战略性的认识和观点。

首先是坚持"依法治国"原则。十八届四中全会进一步明确："坚持依法治国、依法执政、依法行政共同推进，坚持法治国家、法治政府、法治社会一体建设，实现科学立法、严格执法、公正司法、全民守法，促进国家治理体系和治理能力现代化。"[②] "法律至上"的执政理念，要求各治理主体必须在宪法和法律范围内活动，保证各主体在法律面前的平等权利，这样才能将公权领域、公共领域、市场、个人等力量整合到"治理"的中心任务上，形成良性互动，避免失衡危机，推进社会主义民主化进程，实现国家治理能力的现代化。

其次是准确定位政府职能。借助现代社会学的时空压缩理论，我们可以认识到，当前的中国虽然现代化的程度越来越高，但是也有前现代社会、后现代社会的因素，使得当前中国的社会问题甚为复杂；尤其微时代公共事务的管理日益呈现多元和复杂的特点，使国家治理能力受到极大的挑战。可以说，中国社会"这个超大规模社会是多维的，它在发展中衍生出的问题也是

---

①　汪晖、陈燕谷主编：《文化与公共性》，生活·读书·新知三联书店 2005 年版，第 125 页。

②　见"十八届四中全会公报"。

多方面的，是其他社会不可能出现甚至是独一无二的。"① 从现实情况而言，我国不得不需要一个"强政府"。但是，国家或政府应该对自己准确定位，"国家作为现代过进程中的主导力量，实际上承担着社会转型的领导者、制度变迁的推动者、行为规范的制定者、制度运行的监督者和社会稳定的维护者等多重角色。"② 换言之，就是要合理发挥宏观调控能力，而不越过应然界限，过多向其他领域渗透和扩张。

最后是要给公共领域一个成长空间。虽然在微时代公共领域不断发展，公共性得到一定程度的彰显，但是，总体而言它还是稚嫩的、甚至有时是无序的，它也需要被规范、被引导，最终才能具备独立性与自主性，才能与公权领域发生良性的相互作用，形成共振，改变现有的政治生态和政治文化。"'微时代'的政治不再是宏观政治的一统天下，更加世俗化和平民化的微观政治正在改写我们的政治话语，重新设置我们的政治议程，丰富着我们的政治参与方式。微观政治使得政治的内容与日常生活建立起了更大的相关性，政治的参与途径变得更加多样、快捷，参与群体也更加草根化。在微时代的微技术使得真正的草根政治成为可能。"③ 惟其如此，我国的国家治理能力才能得到提升。

（此文是笔者已经完成的北京市哲学社会科学基金项目中期成果之一）

---

① 王邦佐：《中国政党制度的社会生态分析》，上海人民出版社 2000 年版，第 188 页。
② 张立国：《论现代化进程中的国家能力建设》，载《四川行政学院学报》2010 年第 4 期。
③ 陶东风：《理解微时代的微文化》，载《中国图书评论》2014 年第 3 期。

后 记

写完最后一句，夏季即至。在门外此起彼伏的蝉鸣声中，我回想起十六年前，也就是 2001 年 4 月份，春末夏初，得知哈贝马斯要在北京要做好几场演讲，我跑来跑去地追听，虽然内容早已经记不清了，只留下一个印象——随着人潮涌进一个大教室，远远地看到了这位大思想家，那么的真实！在书上看到过无数遍的名字瞬间具象化了，眼神跟我想的一样睿智。那时我就渴望更多地去理解他的思想，所以才有今天的这本书稿吧，虽然可能不尽如人意。

特别感谢周凡教授和薛晓源教授，没有两位师长的点拨，我也不可能成书。在 2016 年、2017 年这两年，我每天要花点时间修改书稿，生活是这样的枯燥，又悄无声息地消逝；而一打开电脑或手机，整个世界又活色生香，仿佛触手可及，令人震惊的消息、激荡人心的事件、俗世的乐趣、倾心的交流……这也让我对哈贝马斯的公共性思想有了更深刻的生活感触。最后，感谢我亲爱的家人和朋友们，我只有从你们的支持和鼓励中才能获得力量，变得平静，敲出一个又一个字符。是以记之。

2017 年盛夏于昆玉河畔